名师名校名校长

凝聚名师共识
回应名师关怀
打造名师品牌
培育名师群体

「亚圣」之道

李海峰 著

北京燕山出版社
BEIJING YANSHAN PRESS

图书在版编目（CIP）数据

"亚圣"之道 / 李海峰著. —— 北京：北京燕山出版社，2022.7
ISBN 978-7-5402-6604-2

Ⅰ.①亚… Ⅱ.①李… Ⅲ.①《孟子》—研究 Ⅳ.①B222.55

中国版本图书馆CIP数据核字（2022）第128120号

YASHENG ZHI DAO

"亚圣"之道

————————————————————————————

著　　者　李海峰
责任编辑　满　懿
出版发行　北京燕山出版社
地　　址　北京市丰台区东铁匠营苇子坑138号C座
电　　话　010-65240430
邮　　编　100079
印　　刷　北京政采印刷服务有限公司
经　　销　新华书店
开　　本　170mm×240mm　16开
字　　数　212千字
印　　张　11.75
版　　次　2022年7月第1版
印　　次　2022年7月第1次印刷
定　　价　68.00元

————————————————————————————

本书为以下项目的阶段性成果

重庆交通大学2021年度校级教育教学改革研究项目"中华优秀传统文化融入'马克思主义基本原理'课程相关问题研究与实践"（编号：2103043）

重庆交通大学2021年度"研究阐释'七一'重要讲话精神及十九届六中全会精神"项目"中华优秀传统文化的德育价值及其时代性转化研究"（编号：djsz202107）

本书由以下项目资助出版

2019年重庆交通大学高层次人才科研启动项目"高校培养时代新人基本问题研究"（编号：19JDKJC-A013）

序　言

2016年至今，我大概只做了一件事：那就是把《论语》《大学》《中庸》《孟子》《礼记》《诗经》《尚书》《春秋》《孔子家语》读了几遍，写了点随笔；在此基础上把《论语》《大学》《中庸》《诗经》背了又背（基本上每个月都要背诵一遍）。2018年，我以《论语》学习心得为主的学习随笔《〈论语〉新学——基于时代的视角》由东北师范大学出版社出版。2019年，我开始主讲"马克思主义基本原理""中国马克思主义与当代""习近平新时代中国特色社会主义思想研究"等课程，在备课的过程中，一直思考马克思主义基本原理同中国传统文化有哪些契合点，如何用马克思主义激活中华优秀传统文化、用中华优秀传统文化丰富马克思主义，以推动传统文化的创造性转化和创新性发展。于是，我又有目的地读了些这方面的书，想着再找机会把新的学习心得结集出版，然而苦于功底不够，此事拖了又拖。

2021年6月，经学院、学校、重庆市教育委员会推荐，我参加了教育部办公厅举办的第二届全国高校思想政治理论课教学展示暨优秀课程观摩活动。这个活动实际上就是思政课教师教学能力的一个比赛。比赛分两个环节，第一个环节是参赛者网上提交平时上课用的教案、PPT课件，以及一个不超过10分钟的说课音频。然后从全国各地推荐的共约600名选手中评选出120人进入现场讲课环节，也就是第二个环节。接到参赛通知时，第一个环节留给我的只有两周多一点的时间，所以我完成任务后就没想过能进入下一个环节，以至于9月28日下午接到进入现场讲课环节的通知时，我很是意外。当然，意外归意外，行动上丝毫不敢马虎。整个10月份，我把教学之外的时间基本都用到了准备比赛上：先是读通2021年9月30日才领到的最新版教材和教育部高等学校思想政治理论课教学指导委员会印发的"专题教学指南"，然后手写各章讲义，再按上届比赛的规则把每个专题的重、难点按10分钟左右的长度设计微课（9章10个专题共设计了80节微课）。这期间，我这几年看过的书基本都被调出来了。

大概离比赛日还有10天的时候，比赛规则出来了。我参赛的课程"中国马克思主义与当代"有10位老师进入现场讲课环节，角逐两个全国特等奖。头一天中午抽签，比赛前30分钟告知所抽专题，然后从抽中专题中选择一个知识点展示15分钟。现场不需要PPT，也不能有提词器，可以有用于板书的黑板，完全考查个人的基本功。于是，我又利用差不多一个星期的时间（刚好这一周学生停课迎战期中考试）——把一天当好几天用，从每个专题挑一个自己认为能讲出亮点的内容重新准备。最后几天，我跑到学校找了间空教室演练，每个内容每天讲两遍。很不争气，11月4日比赛，11月1日我竟然感冒了，晚上还持续低烧。第二天，烧仍未退。为了确保能参加比赛，我主动到医院做了个核酸检测，排除新冠肺炎。因为发烧去不了学校，我只好在家继续演练、熟悉内容，将阳台玻璃门当黑板，拿着水溶性粉笔在上面板书。11月3日下午，烧终于退了。我当时想，如果第二天因发烧不能进学校，就提前吃一颗退烧药。还好，那一颗带在身上的退烧药终究没有派上用场。11月4日下午4点正式开讲，我下午3点半得知自己抽中的是"当代社会问题与创新社会治理的中国方案"，我备讲的题目是"从中华优秀传统文化中汲取社会治理智慧"。①

讲完之后，一是感觉还行，虽然太紧张了，但也算是把自己平时的积累发挥出来了，主要的不足在于，前面刻意放缓语速导致后面时间不够后又不得不加快节奏；二是我决定利用寒假把一直计划的第二本儒家经典学习心得整理出来。但真的没有想到，最终的结果，我得了本组的特等奖。领获奖证书时，我还被告知，自己是特等奖中的第一名。我很是开心。

回过头来想一想，我能获奖，运气的成分占多数——要是抽到其他专题，我就没有展示自己这些年背诵的儒家经典的机会了；要是那一周学生不

---

① 现场讲课稿见附录。

停课，我就没那么多"临阵磨枪"的时间了。同时，还要感谢我所在的这个和谐、奋进的团队——重庆交通大学马克思主义学院。书记吴成国教授和院长张晓平教授对我的关心自始至终，让我知道自己不是一个人在"战斗"；院长知道我怯于主动参赛，索性先把名报上再通知我，让我没有退路；副院长苏洁教授承包了现场比赛环节从准备到收尾的所有场务工作，让我感到很温暖；学院同事们也都很关心我，见面说得最多的一句话就是："李老师，比赛怎么样？加油！我们看好你！"这让我充满力量。对王戎教授和傅红教授的感谢一定要写出来：王老师是全国优秀思政课教师，在得知我进入现场比赛环节后，每次碰到都会鼓励我，耐心地听我"炫"自己的讲稿，特别是她的一句"你当过教学比赛的评委，你就按评委的想法准备比赛，肯定没问题！"一下子打开了我的思路；傅老师是全国优秀教师，时任学院工会主席，正在组织全院教职工备战校工会组织的"校庆70周年教职工合唱比赛"，可是我却想当"逃兵"，当她得知我要参加教育部的比赛后反而主动给我亮"绿灯"，而且时不时关心我的情况，让我感动不已。

　　交代这么多，就是想说，之所以下定决心出版这本读书心得，就是想把这些年读书的收获整理出来，以感谢身边所有关心和帮助我的人，包括我的家人，同时清空自己，开启新的读书之旅。

　　是为序。

李海峰

2022年3月于重庆

目　录

第一章 保民而王

　　孟子继承和发展了孔子的德治思想，将孔子的"仁"发展为仁政思想，也可以说是他的仁政理想。这其中，他延续和发展西周以来的"民可近，不可下。民惟邦本，本固邦宁"[①]的民本思想，最早提出"民贵君轻""保民而王""得民心者得天下"等观点。这也成为其仁政思想的核心。

　　虽然孟子的仁政思想本质上是为封建统治阶级服务的，但其中所包含的人民性内容至今仍闪耀着智慧的光芒。

1. 民贵君轻

【原文】

　　孟子曰："民为贵，社稷次之，君为轻。是故得乎丘民而为天子，得乎天子为诸侯，得乎诸侯为大夫。诸侯危社稷，则变置。牺牲既成，粢盛既洁，祭祀以时，然而旱干水溢，则变置社稷。"[②]

【大意】

　　孟子说："百姓最重要，江山社稷次之，国君为轻。所以得到百姓的拥护便做天子，得到天子的赏识便做诸侯，得到诸侯的信任便做大夫。诸侯危害社稷，就改立。用作祭祀的牲畜已经准备好，用作祭祀的粮食已经整洁

---

① 《尚书》（王世舜，王翠叶译注），中华书局，2012年版，第369页。

② 《孟子·尽心下》，《孟子译注》（杨伯峻译注），中华书局，2008年版，第258页。

净，也依时令祭祀，但是还遭受旱灾水灾，那么就会改朝换代。"

【随笔】

为政要以民为本，为民众的生活着想，得民心者方能得天下。孟子讲，"诸侯之宝三：土地、人民、政事。宝珠玉者，殃必及身。"①在孟子看来，诸侯国君们有三样宝：土地、百姓和政务。要是以珍珠美玉为宝，灾祸一定会殃及其身。所以，他认为，土地和政务只是为人民谋福祉的手段而不是目的。

既然政务是服务民生的手段，那就启示我们，政策制度的制定就要从群众中来，到群众中去，而不是眼睛只朝着上面，唯上级"颜色"、指令是从，或是只为了升官发财。君子真正值得追求的不是上级的认可、财富的多少，而应该是百姓的安居乐业。

当然，对于中国古代的民本思想，我们要一分为二地分析。首先，必须肯定民本思想的积极意义，如对抑制皇权、调动老百姓的劳动积极性有帮助。但是，古代民本思想的出发点、落脚点或者它的立场是什么？显然不是为了老百姓，而是为帝王服务，为巩固封建统治服务。也就是说，古代的民本思想虽然包含某些人民性的内容，但从根本上不是为了人民，而是为了属于帝王的"邦"。例如，在《孟子》一书中，除了"天"，"王"和"民"是出现最多的两个字．其中"王"字出现了322次，"民"字出现了209次，为"王天下"而"保民"才是孟子仁政思想的立场。

所以，我们不难发现，古代社会的有识之士虽然能提出民本主义的思想，但是真正能落实的并不多。看看历史，包括君王、帝王在内，能从历史经验中明白"水可载舟，亦可覆舟"的人很多，但真正信奉"民贵君轻"，实行王道、仁政的人少之又少。为什么会这样？这不是皇帝个人的问题，历史上有不少皇帝对中国历史做出过贡献；这也不是儒家思想存心欺骗或愚民的问题，儒家学说对2000多年中国封建社会发展的作用不能否定——儒家学说虽然不是中国传统文化的全部，但却是中国传统文化的重要组成部分，并

---

① 《孟子·尽心下》，《孟子译注》（杨伯峻译注），中华书局，2008年版，第265页。

在中国传统文化中长期居于主导地位，与中国传统文化的基本精神一致。这是封建社会的经济关系和阶级关系使然。

哲学家、马克思主义理论家陈先达教授说：中国封建社会有丰富的民本主义思想文化，但很少有真正的民本主义制度。孟子说的"民为贵，社稷次之，君为轻"是一种饱含政治智慧的民本主义思想或理念，但封建社会的制度并不是按这个理念设计的。封建社会制度的本质是君贵民轻、官贵民贱的等级制度，不仅是政治制度，包括礼乐和服饰甚至衣着颜色都是有等级的，封建社会全部制度最根本的是维护君权。"得人心者得天下""民惟邦本、本固邦宁"，这虽然是一种深刻的民本主义理念，但也仅仅是思想文化理念，在封建社会并没有形成相应的制度文明，因为封建社会并没有制定一套"民惟邦本、本固邦宁"的制度，虽然也有赈灾、救荒、治水等措施，但对总体制度而言并不占重要地位。[①]

而我们当今中国，在中国共产党的领导下，建立了以公有制为主体的社会主义经济基础和保障人民当家做主的上层建筑，这就使得坚持以人民为中心的发展思想不只是一个理念，而具有了制度根基和保障。也就是说，坚持以人民为中心的发展思想，坚持马克思主义基本原理，吸收借鉴了传统民本主义思想的精华，并通过包括经济制度、政治制度和法律制度的构建得以贯彻。

新中国叫作"中华人民共和国"，各级国家机关、各行各业组织都冠以"人民"之名——人民政府、人民政协、人民法院、人民检察院、人民银行、人民警察、人民邮政、人民航空、人民铁路、人民军队，人民医院等等。为什么？因为这是我们社会主义政权的基本定位，因为中国特色社会主义制度深深植根于人民之中。它提醒并要求各级国家机关及其工作人员，不论做何种工作，都要为人民服务。这才是真正的以民为贵，这才是真正的以民为本。

第一章 保民而王

---

① 陈先达，《归根到底是因为马克思主义行》，人民出版社，2021年版，第104-105页。

2. 与民偕乐

【原文】

孟子见梁惠王。王立于沼上，顾鸿雁麋鹿，曰："贤者亦乐此乎？"

孟子对曰："贤者而后乐此，不贤者虽有此，不乐也。《诗》云：'经始灵台，经之营之。庶民攻之，不日成之。经始勿亟，庶民子来。王在灵囿，麀鹿攸伏，麀鹿濯濯，白鸟鹤鹤。王在灵沼，於牣鱼跃。'文王以民力为台为沼，而民欢乐之，谓其台曰灵台，谓其沼曰灵沼，乐其有麋鹿鱼鳖。古之人与民偕乐，故能乐也。《汤誓》曰：'时日害丧？予及女偕亡。'民欲与之偕亡，虽有台池鸟兽，岂能独乐哉？"①

【大意】

孟子见梁惠王。梁惠王站在池塘边上，一面顾望着鸿雁麋鹿等飞禽走兽，一面对孟子说："贤人也享受这种快乐吗？"

孟子回答："只有贤人才能享受这一快乐，不贤的人就算有这些东西，也不能享受到真的快乐的。《诗经·大雅·灵台》说：'开始规划造灵台，仔细营造巧安排。黎民百姓都来干，没有几天便建成。建造本来不着急，百姓卖力自动来。王游鹿苑灵园中，母鹿安卧深草丛。母鹿肥大毛色润，白鸟洁净羽毛丰。王游美池灵沼边，满池鱼儿欢跳跃。'这表明，文王虽然用老百姓来修建高台深池，老百姓反而非常高兴，把那个台叫作'灵台'，把那个池叫作'灵沼'，以那里面有麋鹿鱼鳖等珍禽异兽为快乐。文王与老百姓一起快乐，所以他能得到真正的快乐。相反，《汤誓》记载老百姓对夏桀的怨歌说：'你这太阳啊，什么时候毁灭呢？我宁肯与你一起死去！'作为一国之君，竟然使百姓恨到要同归于尽的程度，就算有高台深池、珍禽异兽，难道能独自享受快乐吗？"

【随笔】

孟子举了周文王和夏桀这两个人的例子来说明只有与民同乐、得到人民

---

① 《孟子·梁惠王上》，《孟子译注》（杨伯峻译注），中华书局，2008年版，第3页。

的拥护，才能够得到真正的快乐。而不能与民同乐就得不到人民的拥护，也就享受不到真的快乐。周文王在小邦周时，实行的是"富家裕民"的政策，很受人民拥护，小邦周因此而很快富强起来，所以当文王被纣王关了七年监狱而放回来后，为了隐蔽自己报仇的行动佯装沉迷酒色而修建灵台池沼时，老百姓踊跃参与修建。夏桀却因为残暴地对待老百姓而终被推翻，死无葬身之地。这就是"民可近，不可下"。

孟子认为，"独乐乐""不若与人乐乐"，"与少乐乐""不若与众乐乐"，一个人独自欣赏音乐快乐，不如跟别人一起欣赏音乐快乐；同少数人一起欣赏音乐虽然快乐，但不如同多数人一起欣赏音乐快乐。实际上，为政者与民同乐的目的不在于娱乐，而是通过亲近百姓，体现对百姓、民生的关心。所以，孟子说"今王与百姓同乐，则王矣。"[1]国君能与百姓一起娱乐，就可以使天下归服了。

进一步讲，为政者不仅要与民同乐，还要与民同忧，与民忧乐相通。"乐民之乐者，民亦乐其乐；忧民之忧者，民亦忧其忧。乐以天下，忧以天下，然而不王者，未之有也。"[2]以百姓的快乐为自己的快乐的，百姓也会以国君的快乐为自己的快乐；以百姓的忧愁为自己的忧愁的，百姓也会以国君的忧愁为自己的忧愁。与天下百姓同乐同忧这样还不能使天下归服的，是从来不曾有过的事。

孟子的这些思想告诉我们，为政者应体恤民众，与民众同欢乐、共忧患、同呼吸、共命运，这体现的是为政者宽广的胸襟和高尚的情操。只有这样，为政者才能赢得民众的尊敬和拥护，形成上下和谐的局面。"保民而王，莫之能御也。"[3]一切努力为使老百姓的生活安定，这样去统一天下的，没有人能够阻挡。

运用毛泽东同志对待传统文化的立场观点和方法分析孟子的民本思想，就能得出，孟子所处的战国时期正是奴隶制向封建制过渡、发展的时期，他

---

① 《孟子·梁惠王下》，《孟子译注》（杨伯峻译注），中华书局，2008年版，第20页。
② 《孟子·梁惠王下》，《孟子译注》（杨伯峻译注），中华书局，2008年版，第24页。
③ 《孟子·梁惠王上》，《孟子译注》（杨伯峻译注），中华书局，2008年版，第11页。

的民本思想在当时的确反映了老百姓的心声，符合社会发展潮流，具有人民性，有进步意义。既然当今的中国是从中华五千年文明中传承而来的中国，今天的中国是历史的中国的一个发展，那我们就能够而且完全有必要从传统优秀文化中汲取有益于当今中国治国理政的智慧。

比如，"与民偕乐"反映的是当时百姓对平等价值观的追求，这对当代社会也是有积极意义的。然而，在私有制社会中，有产者与无产者在经济地位上的不平等决定了这种君民同乐的平等主张是不可能得以实现的。不说当时，就是如今强调民主与平等的西方发达国家，穷人也是享受不了富人所能享受的社会地位。当资产阶级还是一个被压迫阶级的时候，它的经济利益和政治地位促使它提出当时进步的政治口号："自由"之本意是反对封建国家对私人资本主义经济的干涉，反对封建行会对私人资本主义企业的束缚，反对封建农奴制度对雇佣劳动的限制；"平等"本意是反对封建等级，反对封建权力，主张资本的权力；"博爱"本身是资产阶级为了联合广大劳动人民以反对贵族地主的骄奢淫逸，而把自己的利益标榜为全体劳动人民的利益。这些口号在当时有一定的进步性，而且客观上也在某种程度上反映了劳动人民的要求，因此在当时曾起到巨大的动员作用。但在资产阶级取得统治地位以后，随着资本主义国家的发展，这些思想的阶级局限性就完全暴露了。"自由"对资产阶级而言，是摆脱一切限制进行竞争、买卖，也就是赚钱的自由，再就是有钱聘高级律师赢得官司的自由；对无产阶级而言，则仅仅是选择劳动力买主的自由。"平等"对资产阶级而言是剥削、统治权力的平等；对无产阶级而言，则是工钱、奴隶般地位的平等。"博爱"对于资产阶级而言，是掩盖残酷剥削的道貌岸然伪装；对无产阶级而言，则是宣扬"阶级合作"的骗人说教。

我们汲取传统文化中蕴含的智慧，将其制度化、实践化，推动当今社会的发展和人的发展，就是"古为今用"。

3. 不嗜杀人

【原文】

孟子见梁襄王，出，语人曰："望之不似人君，就之而不见所畏焉。

卒然问曰：'天下恶乎定？'

吾对曰：'定于一。'

'孰能一之？'

对曰：'不嗜杀人者能一之。''孰能与之？'对曰：'天下莫不与也。王知夫苗乎？七八月之间旱，则苗槁矣。天油然作云，沛然下雨，则苗浡然兴之矣。其如是，孰能御之？今夫天下之人牧，未有不嗜杀人者也。如有不嗜杀人者，则天下之民皆引领而望之矣。诚如是也，民归之，由水之就下，沛然谁能御之？'"①

【大意】

孟子同梁惠王的儿子梁襄王见面，出来后，对人讲："远看不像个国君，到了跟前也看不出他的威严所在。"大王突然问我："天下要怎样才能安定？"我回答说："要统一才会安定。"他又问："谁能统一天下呢？"我又答："不喜欢杀人的国君能统一天下。"他又问："有谁愿意跟随不喜欢杀人的国君呢？"我又答："天下的人没有不愿意跟随他的。大王知道禾苗的情况吗？当七八月间天旱的时候，禾苗就干枯了。一旦天上乌云密布，哗啦哗啦下起大雨来，禾苗便又蓬勃生长起来。这样的情况，谁能够阻挡得住呢？如今各国的国君，没有一个不喜欢杀人的。如果有一个不喜欢杀人的国君，那么，天下的老百姓都会伸长脖子期待着他来解救了。真能这样，老百姓归服他，就像雨水向下奔流一样，哗啦哗啦谁能阻挡得住呢？"

【随笔】

战国时代，诸侯连年征战，都想使用武力统一天下。百姓命如枯草，毫无安全可言。孟子对这种草菅人命的行为深恶痛绝，强调要行仁政，恤民、护民来统一安定天下。孟子举了两个例子来说明行仁政得民心：一是禾苗的生长遇到干旱，看着都枯萎了，但一场雨水就能使它们又恢复生机；二是水的本性是往下流动，这也是一种无法阻挡的力量。

什么是仁？仁者爱人，仁就是关心、关爱他人。什么是仁政？仁政就

---

① 《孟子·梁惠王上》，《孟子译注》（杨伯峻译注），中华书局，2008年版，第9-10页。

是执政为民、执政爱民。孟子提出"施仁政于民""保民而王，莫之能御也。"[①]一切为了让老百姓安居乐业，这样统一天下，就没有谁能够阻挡了。所以，为政者应关心、爱护、保护百姓的利益。

推而广之，人与人的交往亦是如此：你对人有爱心，别人就能用爱心回报你；你用狠心来对待别人，别人对你就"敬"而远之了。不恭敬待人就会同样受到不恭敬的对待，不宽厚待人就不会得到别人的厚待。

4. 不为贼残之人

【原文】

齐宣王问曰："汤放桀，武王伐纣，有诸？"

孟子对曰："于传有之。"

曰："臣弑其君，可乎？"

曰："贼仁者谓之'贼'，贼义者谓之'残'，残贼之人谓之'一夫'。闻诛一夫纣矣，未闻弑君也。"[②]

【大意】

齐宣王问孟子："商汤流放夏桀，武王讨伐商纣，有这些事吗？"

孟子回答："文献上有这样的记载。"

宣王问："臣子杀他的国君，可以吗？"

孟子回答："败坏仁爱的人叫'贼'，败坏道义的人叫'残'。这样的人，我们就叫作'独夫'。我只听说过周武王杀了独夫殷纣罢了，没听说过他是以臣杀君啊。"

【随笔】

孟子告诫齐宣王，不要做一个独夫民贼，不要伤仁害义，应该做一个为民尽仁尽义的明君。

孟子在这里提出了一种评价历史人物的标准：是否施行仁政，是否爱民。凡是不爱民的、伤仁害义的，就是"残贼之人"；失去民心，就失去了

---

① 《孟子·梁惠王上》，《孟子译注》（杨伯峻译注），中华书局，2008年版，第11页。

② 《孟子·梁惠王下》，《孟子译注》（杨伯峻译注），中华书局，2008年版，第31页。

君上的资格，就是"一夫"，所以人人得而诛之，此乃正义之举。

5. 救民水火，民必悦之

【原文】

齐人伐燕，胜之。宣王问曰："或谓寡人勿取，或谓寡人取之。以万乘之国伐万乘之国，五旬而举之，人力不至于此。不取，必有天殃。取之，何如？"

孟子对曰："取之而燕民悦，则取之。古之人有行之者，武王是也。取之而燕民不悦，则勿取。古之人有行之者，文王是也。以万乘之国伐万乘之国，箪食壶浆以迎王师。岂有他哉？避水火也。如水益深，如火益热，亦运而已矣。"①

【大意】

齐国人攻打燕国，大获全胜。齐宣王问孟子："有人劝我不要占领燕国，也有人劝我占领它。我觉得，以一个拥有万辆兵车的大国去攻打一个同样拥有万辆兵车的大国，只用了五十天就打下来了，光凭人力是做不到的呀，一定是天意如此。如果我们不占领它，上天会认为我们违背了他的旨意，而降下灾害来。占领它，怎么样？"

孟子回答说："占领它而使燕国的老百姓高兴，那就占领它。古人有这样做的，武王便是。占领它而使燕国的老百姓不高兴，那就不要占领它。古人有这样做的，文王便是。以齐国这样一个拥有万辆兵车的大国去攻打燕国这样一个同样拥有万辆兵车的大国，燕国的老百姓却用竹筐装着饭，用酒壶盛着酒浆来欢迎大王您的军队，难道有别的什么原因吗？不过是想摆脱他们那水深火热的日子罢了。如果您让他们的水更深、火更热，那他们也就会转而去求其他的出路了。"

【随笔】

伐燕成功是因为燕国民众希望齐国能把他们从水深火热的生活中解救出

---

① 《孟子·梁惠王下》，《孟子译注》（杨伯峻译注），中华书局，2008年版，第32—33页。

来。因此，为政者关键不在于是否占领地盘，而在于能否实行顺从民心的仁政。正所谓"仁者无敌"①，有仁德的人无敌于天下；"行仁政而王，莫之能御也"②，只要实行仁政来统一天下，就没有人能阻止。

同样的道理，领导者只有尊重民意，关心群众的工作和生活，解决他们的实际困难，才能赢得群众的信任和支持。

对各级组织的领导者而言，仁政就是要将对群众负责与对上级、组织负责统一起来，以人民为中心，尊贤使能，恤民、爱民、富民、教民。

朋友之间亦是如此，患难之中见真情。

6. 两大之间能为小

【原文】

滕文公问曰："滕，小国也，间于齐、楚。事齐乎？事楚乎？"

孟子对曰："是谋非吾所能及也。无已，则有一焉：凿斯池也，筑斯城也，与民守之，效死而民弗去，则是可为也。"③

【大意】

滕文公问孟子："滕国是一个小国，处在齐国和楚国两个大国之间。是归服齐国好呢，还是归服楚国好呢？"

孟子回答说："这个问题不是我的能力所能解决的。如果您一定要我谈谈看法，那就只有另一个办法：把护城河挖深，把城墙筑坚固，与老百姓一起坚守它，宁可献出生命，老百姓都不离开，做到了这样，那就有办法了。"

【随笔】

滕国是小国，夹在齐国和楚国这两个大国之间。孟子认为，夹在两个大国之间的小国，与其卑躬屈膝去与虎谋皮，不如把力量放到自力更生的基点：争取民心，加强战备，也就是应该通过行仁政来自强自立。后来，当

---

① 《孟子·梁惠王上》，《孟子译注》（杨伯峻译注），中华书局，2008年版，第8页。

② 《孟子·公孙丑上》，《孟子译注》（杨伯峻译注），中华书局，2008年版，第43页。

③ 《孟子·梁惠王下》，《孟子译注》（杨伯峻译注），中华书局，2008年版，第36页。

齐国在临近滕国的边界筑城，滕文公对此感到担忧，就问孟子有什么好办法。孟子回答，唯一的途径就是行仁政，"苟为善，后世子孙必有王者矣。君子创业垂统，为可继也。若夫成功，则天也。君如彼何哉？强为善而已矣。"[1]一个国君，如果能施行善政，即使他本人没有成功，后代子孙中必定会有成为帝王的。君子创立基业，传给后世，正是为了可以一代一代地继承下去。至于能否成功，那就由天决定了。要想对付强国，只有努力推行善政。

《孟子·滕文公下》记载，当孟子的弟子万章问他，宋国是个小国家，如今想实行仁政，齐楚两个大国却因此讨厌而出兵攻打宋国，该怎么办？孟子回答："不行王政云尔；苟行王政，四海之内皆举首而望之，欲以为君；齐楚虽大，何畏焉？"[2]这句话是说，不行仁政便罢，如果要实行仁政，天下的人都抬起头盼望着，拥护他来做国君。齐国楚国纵使强大，又有什么可怕的呢？

孟子的主张虽然理想化，但却是值得坚守，有现实意义的"信仰"。一个组织，面对强大的对手，也是一样。只有加强内部治理，调动员工的主人翁意识和工作积极性，提升自己的实力才能求得生存与发展。个人，面对他人的优秀与强大，要做的不是卑躬屈膝或羡慕嫉妒恨，而是要"见贤思齐"，改进自己。

7. 得道多助，失道寡助

【原文】

孟子曰："天时不如地利，地利不如人和。三里之城，七里之郭，环而攻之而不胜。夫环而攻之，必有得天时者矣；然而不胜者，是天时不如地利也。城非不高也，池非不深也，兵革非不坚利也，米粟非不多也；委而去之，是地利不如人和也。故曰：域民不以封疆之界，固国不以山谿之险，威天下不以兵革之利。得道者多助，失道者寡助。寡助之至，亲戚畔之；多助之至，天

---

① 《孟子·梁惠王下》，《孟子译注》（杨伯峻译注），中华书局，2008年版，第37页。
② 《孟子·滕文公下》，《孟子译注》（杨伯峻译注），中华书局，2008年版，第111页。

下顺之。以天下之所顺，攻亲戚之所畔；故君子有不战，战必胜矣。"①

【大意】

孟子说："有利的时机不如有利的地势，有利的地势不如人的齐心协力。譬如，一个有三里内城墙、七里外城墙的小城，敌人四面围攻都不能够取胜。既然四面围攻，总有遇到好时机或好天气的时候，但还是不能取胜，这说明有利的时机不如有利的地势。又如，另一守城者，城墙不可谓不高，护城河不可谓不深，兵器和甲胄不可谓不锐利和不坚固，粮草也不可谓不充足，然而敌人一来，守卫就弃城而逃，这就说明有利的地势不如人的齐心协力。所以说，统御民众不必用国家的疆界，保护国家不必靠山川的险阻，扬威天下也不是靠兵器的锐利。行仁政而拥有道义，帮助他的人就多；不行仁政而失去道义，帮助他的人就少。帮助的人少到极点时，连亲戚也都反对他；帮助的人多到极点时，全天下的人都会顺从他。拿全天下人都顺从的力量去攻打连亲戚都反对的人；仁君圣主要么不发动战争，若发动战争，必定胜利。"

【随笔】

"天时不如地利，地利不如人和"，要想"人和"，就必须"得道"，也就是行仁政。"得道"就是符合正义，得乎民心；"失道"就是丧失正义，背离民心。孟子通过考察历史，提出得民心者得天下的观点。"桀纣之失天下也，失其民也；失其民者，失其心也。得天下有道：得其民，斯得天下矣；得其民有道：得其心，斯得民矣；得其心有道：所欲与之聚之，所恶勿施，尔也。民之所归仁也，犹水之就下、兽之走圹也。"②孟子认为，夏桀、商纣之所以失去天下，是因为失去了百姓的支持；他们之所以失去百姓的支持，是因为失去了民心。获得天下有方法：获得了百姓的支持，就获得了天下；获得百姓的支持有方法：获得了民心，就获得了百姓的支持。获得民心也有方法：他们所希望的，就给他们，他们就会聚积起来；他们所厌恶

---

① 《孟子·公孙丑下》，《孟子译注》（杨伯峻译注），中华书局，2008年版，第64页。

② 《孟子·离娄上》，《孟子译注》（杨伯峻译注），中华书局，2008年版，第128页。

的，就不要强加给他们。如此罢了，还能有别的窍门吗？百姓向仁德、仁政归附，正好比水向下流、兽在旷野奔走一样。

此处，孟子虽然以军事为例来说明"得道多助，失道寡助"的道理，但其意义具有普遍性，对我们的领导作风和工作作风、待人处事，都有广泛的借鉴作用——那就是要维护正义，守住民心。

的确，民心向背是兴亡的关键，而为政者要获得民心必须与民众息息相通、忧乐与共。当然，这个不是一天两天就能做到的，需要日常的积累才行，体现在日常的方方面面。为政者只有眼睛朝下，深入基层，才能了解民众的需求，解决他们的实际问难，也才能与民众忧乐与共。

为政者要得民心，就要以德服人。"子欲善而民善矣。君子之德风，小人之德草。草上之风，必偃。"[1]为政者把国家搞好，百姓就会好起来。领导人的德行好比风，老百姓的德行好比草，风向哪边吹，草向哪边倒。

为政者要得民心，就要同民好恶。"民之所好好之，民之所恶恶之。此之谓民之父母""好人之所恶，恶人之所好，是谓拂人之性，灾必逮夫身。"[2]老百姓喜欢的他也喜欢，老百姓厌恶的他也厌恶，这样的官员就可以说是老百姓的父母了……喜欢众人所厌恶的，厌恶众人所喜欢的，就是违背人的本性，灾难必会落到他身上。

为政者要得民心，就要把老百姓的事放在心坎上。季康子问："使民敬、忠以劝，如之何？"子曰："临之以庄，则敬；孝慈，则忠；举善而教不能，则劝。"[3]季康子问孔子，如何才能让老百姓做事情严肃认真，尽心尽力且相互勉励？孔子告诉他，你对老百姓的事情严肃认真，老百姓自然而然也会认真对待政令；你孝顺父母，慈爱幼小，他们就会对你布置的事情尽心尽力；你提拔好人，教育能力弱的人，他们也就相互勉励了。这就告诉我们，为政者要把老百姓的事放在自己的心坎上。

---

① 《论语·颜渊》，《论语译注》（杨伯峻译注），中华书局，2006年版，第145页。
② 《大学》，《大学·中庸》（王国轩译注），中华书局，2016年版，第37—39页。
③ 《论语·为政》，《论语译注》（杨伯峻译注），中华书局，2006年版，第21页。

8. 民事不可缓

【原文】

滕文公问为国。

孟子曰："民事不可缓也。《诗》云：'昼尔于茅，宵尔索绹；亟其乘屋，其始播百谷。'民之为道也，有恒产者有恒心，无恒产者无恒心。苟无恒心，放辟邪侈，无不为已。及陷乎罪，然后从而刑之，是罔民也。焉有仁人在位罔民而可为也？是故贤君必恭俭礼下，取于民有制。阳虎曰：'为富不仁矣，为仁不富矣。'"①

【大意】

滕文公问孟子治理国家的事情。孟子说："关心人民的生产和生活是最为紧迫的任务。《诗经·豳风·七月》上说：'白天割茅草，晚上搓成绳，赶紧修房屋，开春播五谷。'老百姓有一个基本规律：有一定的产业收入的人才有一定的道德观念和行为准则，没有一定的产业收入的人便不会有一定的道德观念和行为准则。假如没有一定的道德观念和行为准则，就会违法乱纪，胡作非为，什么事都干得出来。等到他们犯了罪，然后再去加以处罚，这等于是愚弄百姓。哪有仁爱的人当政却做出愚弄老百姓的事情呢？所以贤明的国君一定要认真办事，节省用度，有礼貌地对待臣下，尤其是向百姓征税要有定规。鲁国的阳虎曾经说过：'一心想要发财致富就不能做到仁爱，要仁爱便不能发财致富。'"

【随笔】

孟子提倡仁政，他认为，为政者要以民为本，凡是与老百姓的生产和生活有关的事务一刻都不能放松、耽搁。此处主要讲为政者首先要安定百姓，让百姓有恒产，也就是富起来，富起来之后才能有恒心。

孟子多次提出这个观点，在与齐宣王的对话中，他也说过类似的话，

---

① 《孟子·滕文公上》，《孟子译注》（杨伯峻译注），中华书局，2008年版，第88-89页。

"无恒产而有恒心者，惟士为能。若民，则无恒产，因无恒心。苟无恒心，放辟邪侈，无不为已。及陷于罪，然后从而刑之，是罔民也。焉有仁人在位罔民而可为也？是故明君制民之产，必使仰足以事父母，俯足以畜妻子，乐岁终身饱，凶年免于死亡。然后驱而之善，故民之从之也轻。"①孟子指出，没有固定的产业收入却有一定的道德观念和行为准则的，只有士人能够做到。至于一般人，如果没有一定的产业收入，便也没有一定的道德观念和行为准则。没有一定的道德观念和行为准则，就会违法乱纪，胡作非为，什么事都干得出来。等到他们犯了罪，为政者然后再去处罚，这等于是愚弄百姓。哪有仁爱的人当政却做出愚弄老百姓的事情呢？所以英明的国君规定人们的产业，一定要使他们上足以赡养父母，下足以抚养妻子儿女；好年成，丰衣足食；坏年成，也不足以饿死。然后再引导他们走上善良的道路，老百姓也就很容易听从了。

"民事不可缓"，用现代的话语表达，就是"群众利益无小事""人民群众对美好生活的向往，就是共产党人的奋斗目标"。为政者心里装着群众而不是一心想着升官发财，这样才能办事认真、生活俭朴、礼贤百姓，取民有制。

"为富不仁，为仁不富"虽然是两千多年前的人提出来的，但时至今日仍有现实意义。习近平同志告诫广大领导干部，当官就不要发财，想发财就不要当官，不就是这个理吗？！

9. 设学相教，以明人伦

【原文】

设为庠序学校以教之。庠者，养也；校者，教也；序者，射也。夏曰校，殷曰序，周曰庠；学则三代共之，皆所以明人伦也。人伦明于上，小民亲于下。有王者起，必来取法，是为王者师也。②

---

① 《孟子·梁惠王上》，《孟子译注》（杨伯峻译注），中华书局，2008年版，第13页。
② 《孟子·滕文公上》，《孟子译注》（杨伯峻译注），中华书局，2008年版，第89页。

【大意】

孟子说，人民的生活有着落了，便要兴办"庠""序""学""校"来教育他们。"庠"是教养的意思，"校"是教导的意思，"序"是训导的意思。地方学校，在夏朝时叫校，在商朝时叫序，在周朝时叫庠，三代都有。办学的目的都是阐明并教导人民懂得了人与人之间的伦常关系及行为准则。诸侯卿大夫等上层人士都懂得了人与人之间的伦常关系与行为准则，老百姓自然会亲密地团结在一起。如果有贤明的君王兴起，必然会来学习仿效，这样便成了君王的老师了。

【随笔】

这一段的内容仍是孟子仁政思想的一部分。孟子认为，如何让百姓在富起来之后有恒心呢？那就是要教育，"设为庠、序、学、校以教之"。"庠""序""校"均为古代的乡学，"学"为国学，虽各有不同，但有一个共同点，那就是教学生做人做事的道理，提高他们的道德修养，培养当时社会发展需要的人才。

重视教育是儒家一贯的主张。《论语·子路》记载了一个小故事：孔子去卫国，冉有替他驾车。到了卫国之后，看到满大街都是人，孔子感叹道："好稠密的人口呀！"冉有就问老师："既然人口已经众多了，接下来该怎么做呢？"孔子说道："想办法使他们富起来。"冉有又问："富裕了之后，又该怎么做呢？"孔子说："教育他们。"

孟子继承并发挥了孔子"先富后教"的主张。孟子说："人之有道也，饱食、暖衣、逸居而无教，则近于禽兽。"[1]人之所以为人关键在于有教养。吃饱了，穿暖了，住得安逸了，如果没有教养，那就和禽兽差不多。怎样才能让百姓有教养，那就是要用人与人之间的伦常关系和行为准则来教育百姓——"父子有亲，君臣有义，夫妇有别，长幼有序，朋友有信。"[2]

孟子认为，通过兴办教育，能让社会和谐发展。"谨庠序之教，申之

---

① 《孟子·滕文公上》，《孟子译注》（杨伯峻译注），中华书局，2008年版，第94页。
② 《孟子·滕文公上》，《孟子译注》（杨伯峻译注），中华书局，2008年版，第94页。

以孝悌之义，颁白者不负戴于道路矣。"①好好地办些学校，注重乡校的教育，反复地用孝顺父母、尊敬兄长的道理教导他们，那么，人人都会敬老尊贤，须发花白的老人们就不会肩挑头顶背负着重物在路上行走了。"壮者以暇日修其孝悌忠信，入以事其父兄，出以事其长上，可使制梃以挞秦楚之坚甲利兵矣。"②让身强力壮的年轻人在闲暇时间孝顺父母、尊敬兄长、为人忠诚守信，在家侍奉父母兄长，出门尊敬长辈上级，这样就可以让他们使用木棒也能够抗击那些拥有坚实盔甲、锐利刀枪的秦楚军队了。

综上所述，孟子的仁政思想主要就是爱民，体现在养民使之安定，教民使之明人伦。这和孔子的富民、教民思想基本是一致的。中华文明之所以能延续5000多年，与儒家重视教育的传统功不可没。排除其为封建制度服务的阶级局限性，孟子思想对今天的启示，就是要以立德树人为根本宗旨，培养能够担当民族复兴大任的时代新人。

孟子思想对我们现代为政者而言，无论是管理一个国家还是管理一个单位，也还是非常有指导意义的——"富"和"教"应该两手同时抓，使物质文明和精神文明协调发展。我们要为老百姓谋福利，让他们衣食无忧足以养活一家老小，还要重视对老百姓的教育和培训，让他们有德有才足以自立。

10. 善教得民心

【原文】

孟子曰："仁言不如仁声之入人深也，善政不如善教之得民也。善政，民畏之；善教，民爱之。善政得民财，善教得民心。"③

【大意】

孟子说："仁德的话语不如仁德的声望那样深入人心，良好的政治不如良好的教育能赢得民心。良好的政治百姓怕它，良好的教育百姓爱它。良好的政治能得到百姓的财富，良好的教育则能够得到百姓的心。"

① 《孟子·梁惠王上》，《孟子译注》（杨伯峻译注），中华书局，2008年版，第4页。
② 《孟子·梁惠王上》，《孟子译注》（杨伯峻译注），中华书局，2008年版，第8页。
③ 《孟子·尽心上》，《孟子译注》（杨伯峻译注），中华书局，2008年版，第238页。

【随笔】

得民心者得天下。怎样才能得民心？善教得民心。孟子认为，搞好教育，比单纯依靠法度禁令治国更能赢得民众的拥护，这就肯定了教育在安邦立国中的重要作用与地位。

从国家政策层面来看，良好的教育方针、原则、手段，可以使国民完善道德人格，提高知识素养，为国家繁荣富强奠定人才基础。

从教育者层面来看，为政者善于运用适宜的内容、形式进行教育，可以增强受教育者的理解力、向心力和凝聚力。

儒家历来主张德主刑辅，重视道德教化民心。子曰："为政以德，譬如北辰居其所而众星共之。"[①]"道之以政，齐之以刑，民免而无耻；道之以德，齐之以礼，有耻且格。"[②]孔子讲以德治国，用道德来教化民众，就像其他星星拱卫北极星那样，为政者自己不用动，而民众则追随在他身边。单用政令、刑罚管理民众，民众只是暂时地免于罪过，但却没有廉耻之心。如果能用道德来教导，用礼来整顿，民众不但有廉耻之心，而且人心归服。

11. 易其田畴，薄其税敛，民可使富也

【原文】

孟子曰："易其田畴，薄其税敛，民可使富也。食之以时，用之以礼，财不可胜用也。民非水火不生活，昏暮叩人之门户求水火，无弗与者，至足矣。圣人治天下，使有菽粟如水火。菽粟如水火，而民焉有不仁者乎？"[③]

【大意】

孟子说："搞好耕种，减轻税收，可以使百姓富足。按时节食用，以礼消费，财物是用不尽的。百姓没有水和火就过不了日子，黄昏时去敲别人家的门借水和火，没有不给的，因为水、火相当充足。圣人治理天下，要使粮食像水和火那样多。粮食像水和火那样多了，百姓哪有不仁爱的呢？"

① 《论语·为政》，《论语译注》（杨伯峻译注），中华书局，2006年版，第11页。

② 《论语·为政》，《论语译注》（杨伯峻译注），中华书局，2006年版，第12页。

③ 《孟子·尽心上》，《孟子译注》（杨伯峻译注），中华书局，2008年版，第242页。

【随笔】

孟子继承了前人特别是孔子的治国爱民思想：减少税收，使民富足。

民富了国家才能富，民穷国家也富不起来。《论语》记载，鲁哀公问有若："年成不好，国家用度不够，该怎么办？"有若回答："可以实行十分抽一的税率。"可是鲁哀公却说："十分抽二的税率，我都不够用，怎么能十分抽一呢？"这时，有若说出了被后世奉为经典的名言："百姓足，君孰于不足？百姓不足，君孰于足？"①百姓的用度够了，你也会够；百姓的用度不够，你想够也够不了。可见，儒家强调爱民就要"富民"。

中国共产党以马克思主义为指导，赓续中华优秀传统文化，传承了儒家的优良传统。党的十八大以来，全国832个贫困县全部摘帽，12.8万个贫困村全部出列，近1亿农村贫困人口实现脱贫，提前10年实现了联合国2030年可持续发展议程中的减贫目标，历史性地解决了绝对贫困问题。在中华大地全面建成小康社会，全面扎实推进共同富裕，这不就是新时代的爱民、富民政策所取得的成效吗？

国家如此，一个单位亦是如此。一个单位将单位效益与员工收入挂钩，提高单位效益的同时不断提高员工的收入水平，这是领导者必须要考虑的。

再展开一下，抛弃其阶级局限性，孟子的观点具有历史唯物主义的萌芽："易其田畴，薄其税敛，民可使富也"——发展生产力（易其田畴），变革生产关系（薄其税敛），推动社会进步（民可使富也）。"食之以时，用之以礼，财不可胜用也。"——正确处理生产与消费的关系。"生财有大道：生之者众，食之者寡，为之者疾，用之者舒，则财恒足矣。"②

西方消费主义的侵入，提前消费、过度消费盛行，使得中华民族节俭的优良传统变得越来越珍贵了。然而，越是要推进共同富裕，越要提倡勤俭节约，只有这样，才是物质文明和精神文明协调发展的共同富裕。

---

① 《论语·颜渊》，《论语译注》（杨伯峻译注），中华书局，2006年版，第142页。
② 《大学》，《大学·中庸》（王国轩译注），中华书局，2016年版，第41页。

12. 佚道使民，虽劳不怨

【原文】

孟子曰："以佚道使民，虽劳不怨。以生道杀民，虽死不怨杀者。"①

【大意】

孟子说："以为老百姓谋福祉的原则去役使老百姓，老百姓虽然劳累也不会怨恨。以为老百姓谋生存的原则而杀人，那人虽被杀也不会怨恨杀他的人。"

【随笔】

孟子告诫统治者，在役使百姓的时候要顾及百姓的利益，真的是为百姓福祉着想才能赢得民心。反过来，如果统治者是为了自己的安乐，为了自己的政绩，为了自己的利益而去劳役民众，那就会引起民怨了。

孟子这一民本观点继承了孔子的爱民思想。

子曰："道千乘之国，敬事而信，节用而爱人，使民以时。"②孔子说，为政者治理具有一千辆兵车的国家，对工作、对百姓的事要严肃认真，说到做到，节约费用，爱护官吏，役使百姓要考虑百姓的时间是否方便，不能耽误百姓的农时。

子谓子产："有君子之道四焉：其行己也恭，其事上也敬，其养民也惠，其使民也义。"③孔子评论子产，说子产有四种行为合于君子之道：严于律己，执行上级命令尽心尽力，关心民众疾苦，役使人民得当。

孔子认为："因民之所利而利之，斯不亦惠而不费乎？择可劳而劳之，又谁怨？"④孔子主张，治国理政要考虑民众的利益，在他们可以工作的时候安排工作，让他们得利。这样就能给民众好处而自己却无所耗费，还不会引起民众的怨恨。

---

① 《孟子·尽心上》，《孟子译注》（杨伯峻译注），中华书局，2008年版，第237页。

② 《论语·学而》，《论语译注》（杨伯峻译注），中华书局，2006年版，第4页。

③ 《论语·公治长》，《论语译注》（杨伯峻译注），中华书局，2006年版，第53页。

④ 《论语·尧曰》，《论语译注》（杨伯峻译注），中华书局，2006年版，第236页。

儒家这些爱民、便民的思想，虽然带有强烈的空想色彩，但其中透出的却是他们胸怀天下、关心民众和建立和谐社会的人文情怀，因而对当今社会治理，特别是基层治理，非常有现实意义。为什么这么讲？因为执政靠民心，而民心主要取决于办好老百姓日常生活中的"小事"。

13. 仁者以其所爱及其所不爱，不仁者以其所不爱及其所爱

【原文】

孟子曰："不仁哉梁惠王也！仁者以其所爱及其所不爱，不仁者以其所不爱及其所爱。"

公孙丑曰："何谓也？"

"梁惠王以土地之故，糜烂其民而战之，大败，将复之，恐不能胜，故驱其所爱子弟以殉之，是之谓以其所不爱及其所爱也。"[①]

【大意】

孟子说："梁惠王真是不仁哪！仁人把他所喜爱的恩德推及他所不喜爱的人，不仁者却把他所不喜爱的祸害推及他所喜爱的人。"

公孙丑说："这是什么意思呢？"

孟子说："梁惠王因为争夺土地，驱使他不喜爱的百姓上战场，使他们暴晒郊野，骨肉糜烂；打了败仗，又准备再战，怕不能得胜，又驱使自己所喜爱的子弟去死战，这就叫把他所不喜爱的祸害推及到他所喜爱的人。"

【随笔】

"仁人之恩自内及外，不仁之祸由疏逮亲。"把自己所喜爱的恩德推及于所不喜欢的人，这是仁的表现，也很好理解。把自己所不喜欢的祸害推及于自己所喜欢的人，这就是不仁的表现，似乎不好理解，所以孟子举了个例子。

西方的《圣经》讲的"己所欲，施于人"，有点类似于孟子讲的"仁者以其所爱及其所不爱"；中国的《论语》讲"己所不欲，勿施于人"，孟子

---

① 《孟子·尽心下》，《孟子译注》（杨伯峻译注），中华书局，2008年版，第254页。

将其翻译为不要"以其所不爱及其所爱"。有意思！

14. 不仁而得国者，有之矣；不仁而得天下，未之有也

【原文】

孟子曰："不仁而得国者，有之矣；不仁而得天下，未之有也。"①

【大意】

孟子说："不仁而能够得着一个国家的，有这样的事；不仁能够得到天下的，这样的事就不曾有过。"

【随笔】

不仁的人可能会有侥幸得手的时候，但终究会被民众看穿，因而不会得到民众的拥护。

---

① 《孟子·尽心下》，《孟子译注》（杨伯峻译注），中华书局，2008年版，第258页。

第二章 选贤任能

在孟子的仁政思想或理想中，选贤任能、尊贤使能是重要内容之一。如何让君王施行仁政？君王的仁政如何得以实施？孟子认为，得有一批精英人物，贤能就成为君与民之间的桥梁。贤能治理成为中华优秀政治传统。

1. 尊贤使能

【原文】

孟子曰："仁则荣，不仁则辱。今恶辱而居不仁，是犹恶湿而居下也。如恶之，莫如贵德而尊士，贤者在位，能者在职；国家闲暇，及是时，明其政刑。虽大国，必畏之矣。"[①]

……

孟子曰："尊贤使能，俊杰在位，则天下之士皆悦，而愿立于其朝矣。"[②]

【大意】

孟子说："诸侯卿相，如果实行仁政，就会得到荣耀；如果行不仁之政，就会遭受屈辱。现如今，这些人虽然非常厌恶屈辱，却仍然自处于不仁

---

① 《孟子·公孙丑上》，《孟子译注》（杨伯峻译注），中华书局，2008年版，第55—56页。

② 《孟子·公孙丑上》，《孟子译注》（杨伯峻译注），中华书局，2008年版，第57页。

之地，这就好比一方面厌恶潮湿，一方面又自处于低洼之地一样。如果真的厌恶屈辱，最好是以德为贵而且尊重士人，使有德行的人居于相当的官位，有才能的人担任一定的职务，这样，国家就没有内忧外患，再乘着这样的机会修明政策法规。这样，就算是大国，也会畏惧它。"

……

孟子说："尊重有道德的人，重用有能力的人，使杰出的人物都有官位，那么天下的士人都会高兴，就会愿意在这样的朝廷里供职了。"

【随笔】

孟子认为，"尊贤使能"是实现仁政的一项重要措施，说白了就是重视人才、尊重人才、爱惜人才。一个国家如此，一个单位也是如此。领导班子再能干，没有一批兢兢业业的人才，什么也别想做成。而要凝聚一支人才队伍，就要做到识人、选人、用人、育人、容人、留人。

识人，就是要了解人才的特长与不足、优点与缺点。

选人，就是在识人的基础上根据岗位或工作的需要把符合需要的人才选拔出来。"举直错诸枉，能使枉者直"① "举直错诸枉，则民服；举枉错诸直，则民不服。"②这句话是说把正直的人提拔到不正直的人之上，不仅能让大家服气，还能使不正直的人变得正直。所以选人一定要有标准、公正，要把符合标准的正直的人选出来。在新时代，我们就要按照习近平新时代中国特色社会主义思想，把忠诚于人民、忠诚于党的人选拔培养起来，决不能选拔那些阿谀奉承、溜须拍马、专门会看上级领导脸色行事的人；更不能选拔那些投机钻营、口蜜腹剑，视老百姓为刁民草芥的人；也不能选拔那些教条主义的、经验主义的、眼高手低、举不起、放不下的人。人民欢迎的是忠诚、老实、干净、有担当的人，既有坚定理想信念、又能密切联系群众、扎实肯干的人。

用人，就是把选出来的人才放到适合他的岗位上从事他擅长或愿意做的

---

① 《论语·颜渊》，《论语译注》（杨伯峻译注），中华书局，2006年版，第146-147页。
② 《论语·为政》，《论语译注》（杨伯峻译注），中华书局，2006年版，第20页。

工作。

育人，就是让人才保持学习，使他们不被新技术、新要求所淘汰，让他们始终处于专家的位置，这也是保持本单位工作水平领先的重要举措。不难发现，如今，影响员工去留的原因，已经从关注薪资、福利和晋升机会，逐渐转变为关注是否能得到学习机会、新技能、更高的成长性。管理者需要关注这些变化并制订有针对性的人力资源管理制度。

容人，就是要容人之过。第一，要能容得下人才的一些小缺点、小毛病。许多有本事的人都不大听话。不大听话本身也不是什么毛病，可有些人偏偏还喜欢和领导对着干，这个时候，领导者就不能因为这些人性格上的"不成熟"或为人处事方式的不入世俗而否定他的真才实学和对单位的贡献，越是容忍他们的这些小毛病，他们取得的工作业绩就会越大。第二，允许人才犯错，能够原谅其非故意的失误，并让他能从失误中成长。一般而言，只有两类人不犯错，一是圣人，一是什么事都不做的人。而圣人都难免出错，所以只有什么事都不做的人不会犯错，估计没有哪个单位需要这样的人。所以只要做事，就难免出错。不允许出错，其结果就是没有人敢做事，没有人敢创新。

留人，就是能留住人才。留人要留心，要留心就要满足其需求。比如，有些人重利，那就根据其贡献调整其收入。有些人重名，包括头衔和人文关怀，所以领导就需要给他想要的头衔，经常在公开场合肯定他的成绩。在容人的基础上，领导还要经常找他问寒问暖，帮他解决工作之外的一些实际困难，不要让他们在一些小事上闹情绪而影响工作。不能"进来之前是人才、进来之后是奴才"。

2. 进贤必慎

【原文】

孟子见齐宣王，曰："所谓故国者，非谓有乔木之谓也，有世臣之谓也。王无亲臣矣，昔者所进，今日不知其亡也。"

王曰："吾何以识其不才而舍之？"

曰："国君进贤，如不得已，将使卑逾尊、疏逾戚，可不慎与？左右皆曰贤，未可也；诸大夫皆曰贤，未可也；国人皆曰贤，然后察之；见贤焉，然后用之。左右皆曰不可，勿听；诸大夫皆曰不可，勿听；国人皆曰不可，然后察之；见不可焉，然后去之。左右皆曰可杀，勿听；诸大夫皆曰可杀，勿听；国人皆曰可杀，然后察之；见可杀焉，然后杀之。故曰，国人杀之也。如此，然后可以为民父母。"①

【大意】

孟子见齐宣王，对他说："我们平时所说的历史悠久的国家，并不是指那个国家有高大的树木，而是说有功勋、与国同命运共休戚的臣子。大王您如今没有亲信的臣子啊！过去所用的人现在都不知跑到哪里去了。"

宣王问："我怎样才能识别那些缺乏才干的人而不用他们呢？"

孟子答道："国君选拔贤人，如果迫不得已要用新进之人，就有可能会把原本地位低的提拔到地位高的人之上，把原本关系疏远的提拔到关系亲近的人之上，这样的事能不慎重吗？因此，左右亲信都说某人好，不可轻信；众位大夫都说某人好，也不可轻信；全国的人都说某人好，然后去考察他，发现他是真有才干，再任用他。左右亲信都说某人不好，不可轻信；众位大夫都说某人不好，也不可轻信；全国的人都说某人不好，然后去考察他，发现他真不好，再罢免他。左右亲信都说某人该杀，不可轻信；众位大夫都说某人该杀，也不可轻信；全国的人都说某人该杀，然后去考察他，发现他真该杀，再杀掉他。所以说，这是全国人杀的他。这样做，才可以做老百姓的父母官。"

【随笔】

这是孟子回答齐宣王关于如何识别人才的一段话。尊贤，是儒家所主张的一项极其重要的为政之道。比如，《论语》记载，子贡问曰："乡人皆好之，何如？"子曰："未可也。""乡人皆恶之，何如？"子曰："未可也；不如乡人之善者好之，其不善者恶之。"②子贡问孔子，如果满乡村的人都喜欢他，这个人怎么样？孔子说，不一定。子贡又问，如果满乡村的

---

① 《孟子·梁惠王下》，《孟子译注》（杨伯峻译注），中华书局，2008年版，第30页。
② 《论语·子路》，《论语译注》（杨伯峻译注），中华书局，2006年版，第159—160页。

人都厌恶他，这个人怎么样？孔子说，不一定。最好是满乡村的好人都喜欢他，满乡村的坏人都厌恶他。孔子还说，"众恶之，必察焉；众好之，必察焉。"①大家厌恶这个人，一定要去考察他；大家喜爱他，也一定要去考察他。《大学》里讲，"民之所好好之，民之所恶恶之。此之谓民之父母"。②老百姓喜欢的他也喜欢，老百姓厌恶的他也厌恶，这样的国君就可以说是老百姓的父母了。"好人之所恶，恶人之所好，是谓拂人之性，灾必逮夫身。"③这句话是说，喜欢众人所厌恶的，厌恶众人所喜欢的，就是违背人的本性，灾难必会落到他身上。

孟子继承了孔子的主张，认为要施行仁政、王道，就要尊重世臣，亲近贤臣。孟子提出，既要根据人民的意愿审慎地选拔贤臣，还要根据人民的意愿审慎地罢免庸臣，根据人民的意愿审慎地惩处罪臣，这样才能够把国家治理好，才有资格做人民的父母官。

进贤必慎，"慎"就是要认真、详尽地审查。审查的结论不是"左右"（亲近的人）说了算，也不是"大夫"（官员们）说了算，而是要听取"国人"（大多数人）的意见。用现在的话说，就是要集思广益，走群众路线，要根据大家的意见做进一步地审查，经事实检验，如果大家的意见是对的，才作出最后的结论。所以，进贤必慎体现了两点原则：一是反对"偏听"（偏听则暗），主张"兼听"（兼听则明），尊重大多数人的意见；二是尊重事实，强调审查，对绝大多数人的意见仍须经过事实的验证。

综上，为政者用人行政，要亲自考察，如果只凭自己的好恶，或者只听信一些人的一面之词，哪怕听起来有根有据，大到一个国家，小到一个单位，都是无法治理好的。就算是多数人说好或者不好，为政者也要去核实、考察。

---

① 《论语·卫灵公》，《论语译注》（杨伯峻译注），中华书局，2006年版，第189页。
② 《大学》，《大学·中庸》（王国轩译注），中华书局，2016年版，第37页。
③ 《大学》，《大学·中庸》（王国轩译注），中华书局，2016年版，第39页。

3. 尊德乐道

【原文】

天下有达尊三：爵一，齿一，德一。朝廷莫如爵，乡党莫如齿，辅世长民莫如德。恶得有其一以慢其二哉？故将大有为之君，必有所不召之臣；欲有谋焉，则就之。其尊德乐道，不如是，不足与有为也。故汤之于伊尹，学焉而后臣之，故不劳而王；桓公之于管仲，学焉而后臣之，故不劳而霸。今天下地丑德齐，莫能相尚，无他，好臣其所教，而不好臣其所受教。汤之于伊尹，桓公之于管仲，则不敢召。管仲且犹不可召，而况不为管仲者乎？[①]

【大意】

孟子说，天下公认为尊贵的东西有三样：爵位、年龄和德行。在朝廷，先论爵位；在乡里，先论年龄；至于辅助国君治理百姓自然以德行为最上。怎么能够凭爵位来轻视别人的年龄和道德呢？所以，大有作为的国君一定有他不能召唤的大臣，如果有什么事情需要商量，就亲自去拜访他们。这就叫尊重美德、乐行仁政。如果不这样，就不足有所作为。因此，商汤对于伊尹，先向伊尹学习，然后以他为臣，于是不费大力气就统一了天下；桓公对于管仲，也是先向他学习，然后才以他为臣，于是不费大力气就称霸于诸侯。现在，天下各国的土地都差不多，国君的德行也都不相上下，相互之间谁也不比谁高出一筹，没有别的原因，就是因为国君们只喜欢用听他们的话的人为臣，而不喜欢用能够教导他们的人为臣。商汤对于伊尹，桓公对于管仲，就不敢传唤。管仲尚且不能传唤，何况不愿做管仲的人呢？

【随笔】

孟子本想去见齐王，可是齐王说自己感冒了。齐王派了个人去问孟子能不能在他能够临朝办公的时候来见他。孟子认为齐王这样做不够礼貌，于是也称自己得了病，不去。可是第二天，孟子又去别人家吊丧。碰巧，齐王打发人并派了医生来问孟子的病情。于是，孟子的弟弟赶紧安排人在孟子回家

---

① 《孟子·公孙丑下》，《孟子译注》（杨伯峻译注），中华书局，2008年版，第66—67页。

的路上拦住孟子，让他不要回家。孟子没有办法，只好躲到景丑家里。景丑认为齐王对孟子挺敬重的，反而看不出孟子对齐王的敬重。于是就有了孟子对景丑所讲的这段话。

怎样才叫"尊重德行、乐行仁政"？孟子认为，就是要尊敬贤士，要重用能教导自己的人，而不是那些听自己话的人。为政者对贤能人士的尊重，体现在有事找他们商量的时候，能主动去找他们，向他们学习，而不是坐在办公室里召唤他们。

"为其多闻也，则天子不召师，而况诸侯乎？为其贤也，则吾未闻欲见贤而召之也。"[1]孟子说，如果为的是这个人见闻广博，那当以他为师，天子还不能召唤老师，何况诸侯呢？如果为的是这个人品德高洁，还没听说过贤者是能随便召唤的。"大学之礼，虽诏于天子无北面，所以尊师也"。[2]说的也是这个理。

上级对贤能人士必须待之以礼，不能像对待仆役那样颐指气使、居高临下。

4. 以天下与人易，为天下得人难

【原文】

尧以不得舜为己忧，舜以不得禹、皋陶为己忧。夫以百亩之不易为己忧者，农夫也。分人以财谓之惠，教人以善谓之忠，为天下得人者谓之仁。是故以天下与人易，为天下得人难。[3]

【大意】

孟子说，尧以不能得到舜这样的人才而忧虑，舜以不能得到大禹和皋陶这样的人才而忧虑。因为自己的地没种好而忧虑的，那是农夫。把钱财分给别人叫作惠，把好的道理教给别人叫作忠，为天下找到出色人才叫作仁。所以把天下让给人容易，为治理天下找到出色人才却很难。

【随笔】

把钱财分给别人就是给别人好处，所以叫作惠。

---

[1] 《孟子·万章下》，《孟子译注》（杨伯峻译注），中华书局，2008年版，第191页。

[2] 《学记》（高时良译注），人民教育出版社，2016年版，第8页。

[3] 《孟子·滕文公上》，《孟子译注》（杨伯峻译注），中华书局，2008年版，第94页。

第二章 选贤任能

把好的道理教给别人，教别人向善、行善，这就是"己欲立而立人，己欲达而达人"，即孔子所讲的"忠"。忠是仁的一种表现，体现的是君子负有教化民众、兼济天下的责任和使命。

《大学》讲："见贤而不能举，举而不能先，命也。见不善而不能退，退而不能远，过也。好人之所恶，恶人之所好，是谓拂人之性，灾必逮夫身。"①这句话是说，发现贤才而不能选拔，选拔了而不能优先重用，这是轻慢。发现恶人而不能罢免，罢免了而不能把他驱逐得远远的，这就是过错。喜欢众人所厌恶的，厌恶众人所喜欢的，就是违背人的本性，灾难必会落到他身上。《中庸》讲，"为政在人，取人以身，修身以道，修道以仁"②。治国理政关键在于用什么样的人，要得到适用的人在于为政者能修养自身，修养自身在于遵循大道，遵循大道要以仁为本。所以，只有仁者才能为天下找到人才、培养贤能。反过来，为天下找到人才、培养贤能也就是仁者之举了。

为政者让位容易，是因为只要愿意，说让就能让；但没有贤能的人才，就不能保证仁政能得以继续实施，所以说，发现并培养贤能的人才以保证仁政能继续实行，大道能得以继承就不是那么容易的事了。

"周公吐哺，天下归心"。据《史记·鲁周公世家》记载，周公派大儿子伯禽去鲁国做国君，在伯禽临行前，周公叮嘱儿子说，自己作为文王的儿子、武王的弟弟、成王的叔父，在天下人看来地位已经不低了。但周公洗头时会几次包起头发，吃饭时几次把饭吐出来，就是为了急忙去迎接贤士，就这样还会担心错过了哪个贤能的人。你到了鲁国，一定不要因为有国土就傲慢待人。周公礼贤下士、重视人才的做法，成为后世争先效仿的典范。

孔子的学生在各地为官，孔子经常告诫学生，要提拔优秀人才。《论语》里面讲，仲弓做季氏家的主管，问孔子该如何治理政事，孔子告诉他，"先有司，赦小过，举贤才"③，就是你要发挥好带头作用，不去计较别人

---

① 《大学》，《大学·中庸》（王国轩译注），中华书局，2016年版，第39页。
② 《中庸》，《大学·中庸》（王国轩译注），中华书局，2016年版，第105页。
③ 《论语·子路》，《论语译注》（杨伯峻译注），中华书局，2006年版，第150页。

的小错误，同时还要提拔优秀人才。还有一次，孔子问在武城县当县令的子游，"女得人焉尔乎？"你挖掘到什么人才没有？孔子之所以如此关心为政的弟子是否挖掘到人才，是因为他认为人才不易得。"舜有臣五人而天下治。武王曰：'予有乱臣十人。'孔子曰：'才难，不其然乎！唐虞之际，于斯为盛。有妇人焉，九人而已。三分天下有其二，以服事殷。周之德，其可谓至德也已矣。'"①舜有五位贤臣，天下便太平。武王也说过，"我有十位能治理天下的臣子。"孔子因此说："人才不易得。不是这样吗？唐尧和虞舜之间以及周武王的时候，人才最兴盛。然而武王十位人才之中还有一位女人，实际上只是九位罢了。周文王得了天下的三分之二，仍然向商纣称臣，周朝的道德，可以说是最高的了。"

5. 君之视臣如手足，则臣视君如腹心

【原文】

孟子告齐宣王曰："君之视臣如手足，则臣视君如腹心；君之视臣如犬马，则臣视君如国人；君之视臣如土芥，则臣视君如寇仇。"②

【大意】

孟子告诉齐宣王说："国君视臣子如同自己的手足，那臣子就会视国君如同腹心；国君视臣子如同犬马，那臣子就会视国君如同常人；国君视臣子如同尘土草芥，那臣子就会视国君如同强盗仇敌。"

【随笔】

与孔子所讲的"君使臣以礼，臣事君以忠"③一样，孟子更为形象地指出，国君尊重臣子，臣子也就会忠君；国君如果轻臣，臣对国君就会三心二意。

这个道理放到现在来讲，就是上下级之间要互相尊重，甚至要做到孟子说的上级先"敬"下级，才能得到下级相应的回敬，也就是你敬我一寸，

---

① 《论语·泰伯》，《论语译注》（杨伯峻译注），中华书局，2006年版，第96页。

② 《孟子·离娄下》，《孟子译注》（杨伯峻译注），中华书局，2008年版，第142页。

③ 《论语·八佾》，《论语译注》（杨伯峻译注），中华书局，2006年版，第32页。

我回你一尺。如果上级不尊重下级，下级也就不会敬重上级，那工作起来就会很别扭了。所以上级对下级可以批评教育，但不能呼来唤去、指手画脚、挖苦讽刺，要给予信任、支持和帮助，要在他的下级面前肯定他的成绩和优点，树立他的威信，这样才能有助于下属工作的开展。

6. 悦贤能举

【原文】

悦贤不能举，又不能养也，可谓悦贤乎？[①]

……

孟子曰："食而弗爱，豕交之也；爱而不敬，兽畜之也。恭敬者，币之未将者也。恭敬而无实，君子不可虚拘。"[②]

【大意】

孟子说，喜欢贤才却不举荐任用，又不能照顾他的生活，这能说是喜欢贤才吗？

……

孟子说："对人才，养活而不爱，等于养猪；爱却不恭敬，等于养畜生狗马。恭敬之心是在送财物之前就具备了的。徒有恭敬的形式，没有恭敬的实质，君子便不可以被这种虚假的礼数所限制。"

【随笔】

为政者重视人才、尊敬贤者，不仅仅是用高薪把他们吸引过来，最关键的是要采纳、施行他们的主张，优厚的待遇只是这样做的表现。否则，待遇再优厚，也和畜养犬马无异。换句话说，为政者应重视的不仅仅是这个人，而且他的智慧、能力并让他的智慧、能力发挥作用。

---

① 《孟子·万章下》，《孟子译注》（杨伯峻译注），中华书局，2008年版，第189页。
② 《孟子·尽心上》，《孟子译注》（杨伯峻译注），中华书局，2008年版，第249页。

7. 用贤必信

【原文】

孟子曰："不信仁贤，则国空虚；无礼义，则上下乱；无政事，则财用不足。"①

【大意】

孟子说："不信任仁德贤能的人，国家的人才就会空虚；没有礼义来定尊卑地位，上下的关系就会混乱；没有好的政治来保障生产的正常进行及赋税的合理征收，国家的用度就会不够。"

【随笔】

孟子讲治国理政必须在根本上下功夫：信用仁贤、遵循礼仪、政事清明。

其中，用贤必信既体现在用人不疑，还体现在领导者在用人的过程中讲究信用，说话算数，使对方真诚地相信领导，从而尽职尽责地完成任务。这样就能吸引更多的人才。

8. 食志乎，食功乎

【原文】

曰："梓匠轮舆，其志将以求食也；君子之为道也，其志亦将以求食与？"

曰："子何以其志为哉？其有功于子，可食而食之矣。且子食志乎？食功乎？"

曰："食志。"

曰："有人于此，毁瓦画墁，其志将以求食也，则子食之乎？"

曰："否。"

曰："然则子非食志也，食功也。"②

---

① 《孟子·尽心下》，《孟子译注》（杨伯峻译注），中华书局，2008年版，第258页。

② 《孟子·滕文公下》，《孟子译注》（杨伯峻译注），中华书局，2008年版，第109页。

【大意】

彭更问孟子："木匠、车工，他们工作的动机就是为了谋饭吃；君子研究学术推行王道，其动机也是为了谋饭吃吗？"

孟子说："你何必管动机呢？他对你有功绩，该给他吃的便应给他吃的。你是按动机给人吃的，还是按功绩给人吃的呢？"

彭更马上说："论动机。"

孟子于是反问："有这样一个匠人，他打坏瓦片，又乱涂墙壁，他的动机也是为了弄到吃的，你给他吃的吗？"

彭更说："不。"

孟子说："那么，你不是因人的动机而给他吃的，而是按他的功绩给吃的。"

【随笔】

孟子有个学生叫彭更，他认为读书人不工作，吃白饭，是不可以的。他觉得孟子带着弟子游走于各国，靠诸侯们供养的做法有些过分，便对孟子提出质疑。于是就有了他和孟子之间这段对话——到底是根据一个人的动机给报酬还是根据效果给报酬。孟子认为，应该根据一个人的贡献给报酬。读书人虽然不劳作，但却在传播"道"的过程中对社会有贡献，所以是应该得到报酬的。这就涉及人才评价标准的问题。

《孟子·尽心上》也记载了一段孟子与公孙丑之间类似的对话，孟子对读书人为什么可以不耕种而能吃饭做了进一步地阐述。公孙丑引用《诗经》中的句子"不素餐兮"，说一个人不能白吃饭，可是现在的君子不耕种而有饮食，这是为什么呢？孟子告诉他："君子居是国也，其君用之，则安富尊荣；其子弟从之，则孝弟忠信。'不素餐兮'，孰大于是？"①孟子认为，君子因为传道而得到了国君的任用，让国家安定富裕、尊贵而有名誉；让少年弟子信从于他而孝顺父母、尊敬兄长、忠诚守信，这个作用是非常大的，不能说是"白吃饭"。

---

① 《孟子·尽心上》，《孟子译注》（杨伯峻译注），中华书局，2008年版，第246页。

第三章　义利分明

子曰："君子喻于义，小人喻于利。"[①]孟子继承了孔子关于义的思想，同时又基于时代特点，为匡正世风更加强调义。"义"字在《孟子》一书中出现了108次，经常是仁义联用。孟子游历各国，希望各国国君不言利而行仁义，由此形成了他仁政理想中的又一重要内容——义利分明。

1. 何必曰利，亦有仁义而已矣

【原文】

孟子见梁惠王。王曰："叟！不远千里而来，亦将有以利吾国乎？"

孟子对曰："王！何必曰利？亦有仁义而已矣。王曰：'何以利吾国？'大夫曰：'何以利吾家？'士庶人曰：'何以利吾身？'上下交征利而国危矣。万乘之国，弑其君者，必千乘之家；千乘之国，弑其君者，必百乘之家。万取千焉，千取百焉，不为不多矣。苟为后义而先利，不夺不餍。未有仁而遗其亲者也，未有义而后其君者也。王亦曰仁义而已矣，何必曰利？"[②]

【大意】

孟子去见梁惠王。梁惠王见到孟子，开口就说："老先生不远千里而

---

① 《论语·里仁》，《论语译注》（杨伯峻译注），中华书局，2006年版，第42页。
② 《孟子·梁惠王上》，《孟子译注》（杨伯峻译注），中华书局，2008年版，第1-2页。

来，将对我的国家有利吧？"

孟子回答说："大王何必一开口就说说利呢？只要讲仁义就行了。大王说'怎样对我的国家有利'，大夫也说'怎样对我的封地有利'，一般的士人和老百姓也都说'怎样对我自己有利'，上上下下都互相追逐利益，国家就危险了！在一个拥有一万辆兵车的国家里，杀害它国君的人，一定是拥有一千辆兵车的大夫；在一个拥有一千辆兵车的国家里，杀害它国君的人，一定是拥有一百辆兵车的大夫。这些大夫在一万辆兵车的国家中就拥有一千辆，在一千辆兵车的国家中就拥有一百辆，他们拥有的产业不能不说是很多的了。但是，如果把义放在后而把利摆在前，轻公义、重私利，那他们不把国君的产业夺去，是永远不会满足的。重仁的人不会遗弃他的父母，重义的人也没有怠慢他的国君的。所以，大王只说仁义就行了，何必说利呢？"

【随笔】

魏国已是当时的七雄之一，但魏国的国君梁惠王，也就是魏惠王，见到孟子的第一面，关心的却是如何让他的国家获利。孟子是什么人？孟子心想，我是来给你讲利的吗？太不懂我了！所以上来就是"一剑封喉"：大王你不要讲利，只讲仁义就可以了。孟子认为，国君重利轻义，就会导致官员、读书人和老百姓都去追逐私利。一旦上上下下互相追逐利益，就会采取强行抢夺的方式，会引起相互间的争斗。而争斗的发展和持续，就会导致国家的衰弱，最终导致国家的灭亡。所以孟子认为要讲仁义，有了仁义，利益也就在其中了。这是《孟子》全书开篇第一章，开门见山，指出孟子的仁政就是义政。

在《孟子·告子下》一章，孟子与宋牼有一段与之相关的对话，也表明了这一观点。

宋牼将之楚，孟子遇于石丘，曰："先生将何之？"

曰："吾闻秦、楚构兵，我将见楚王说而罢之。楚王不悦，我将见秦王说而罢之。二王我将有所遇焉。"

曰："轲也请无问其详，愿闻其指。说之将何如？"

曰："我将言其不利也。"

曰："先生之志则大矣，先生之号则不可。先生以利说秦、楚之王，秦、楚之王悦于利，以罢三军之师，是三军之士乐罢而悦于利也。为人臣者怀利以事其君，为人子者怀利以事其父，为人弟者怀利以事其兄。是君臣、父子、兄弟终去仁义，怀利以相接，然而不亡者，未之有也。先生以仁义说秦、楚之王，秦、楚之王悦于仁义，而罢三军之师，是三军之士乐罢而悦于仁义也。为人臣者怀仁义以事其君，为人子者怀仁义以事其父，为人弟者怀仁义以事其兄，是君臣、父子、兄弟去利，怀仁义以相接也。然而不王者，未之有也。何必曰利？"①

宋牼准备到楚国去，孟子在石丘这个地方遇见了他，就问："先生要到哪里去？"宋牼说："我听说秦、楚两国要交兵，我准备去见楚王，劝他罢兵。如果楚王不高兴，我就准备去见秦王，劝他罢兵。这两个国君中我总会遇见意见相合的。"孟子说："我不想问你详细的情况，我只想知道你的大意，你将怎样进言呢？"宋牼说："我打算说，交兵是不利的。"孟子说："先生的志向很好，但先生这样的提法却不行。先生以利来劝说秦楚两王，秦楚两王因为有利而高兴，于是停止军事行动，这将使军队官兵因喜利而罢兵。当臣子的怀利来侍奉国君，作儿女的怀利来侍奉父母，做弟弟的怀利来侍奉兄长，这就会使君臣、父子、兄弟之间都完全失去仁义，怀利互相对待，如此而国家不灭亡的，是没有的事。先生若以仁义来劝说秦楚两王，秦楚两王因为仁义而停止交战，就会使军队的官兵们因喜仁义而乐于罢兵。作为臣子心怀仁义来侍奉国君，做儿女的心怀仁义来侍奉父母，做弟弟的心怀仁义来侍奉兄长，就会使君臣、父子、兄弟之间抛弃利，心怀仁义来互相对待，如此而国家不以仁政统一天下的，也是没有的事。何必讲利呢？"

所以，为政者要重义轻利，以义为利。《大学》里讲："是故君子有大道，必忠信以得之，骄泰以失之。……仁者以财发身，不仁者以身发财。未有上好仁而下不好义者，未有好义而其事不终者，未有府库财非其财者。孟献子曰：'畜马乘不察于鸡豚，伐冰之家，不畜牛羊，百乘之家，不畜聚敛之臣。与其有聚敛之臣，宁有盗臣。'此谓国不以利为利，以义为利也。

---

① 《孟子·告子下》，《孟子译注》（杨伯峻译注），中华书局，2008年版，第217页。

长国家而务财用者，必自小人矣。彼为善之，小人之使为国家，灾害并至。虽有善者，亦无如之何矣！此谓国不以利为利，以义为利也。"①这段话是说，为政之人有要坚守的大原则，那就是遵循忠诚信义以获得天下；若骄奢放纵，便会失去天下。……仁爱的人仗义疏财以修养自身的德行，不仁的人不惜以生命为代价去敛钱发财。没有在上位的人喜爱仁德而在下位的人却不喜爱忠义的，没有喜爱忠义做事却半途而废的，没有国库里的财物不是属于国君的。孟献子说："具备马匹拉车的士大夫家，就不要再去计较养鸡养猪的小利；祭祀能够用冰的卿大夫家，就不要再去养牛养羊以牟利了；拥有百辆兵车的诸侯之家，就不要去收养搜刮民财的家臣。与其有搜刮民财的家臣，不如有偷盗自家府库的家臣。"意思是说，一个国家不应该以财货为利，而应该以仁义为利。当官了却还一心想着聚敛财货，这必然是有小人在诱导。要是再把这些人当成好人并让他们去治国理政，结果就是天灾人祸一起降临。这个时候就算是有贤能的人，也没有办法挽救了。所以，一个国家不应该以财货为利，而应该以仁义为利。

义与利的关系，在一定意义上就是道德行为与物质利益，社会、国家利益与个人利益的关系。孟子只言仁义不言利，有其极端性，毕竟利有大利和小利、公利和私利、天下之利和个人之利之分。国家利益、民族利益、人民利益是大利、公利，这些大利、公利大概可以视为孟子所讲的义！所以为政者以义为重，就是要为国家、民族、民众谋大利，特别是要为基层群众多谋福利，要"与民同货"——"王如好货，与百姓同之，于王何有？"领导者喜爱钱财很正常，关键在于能将自己的爱财之心推而广之，使民众也都有一定的财货，改善他们的生活。为政者要节制自己的欲望，关心民众的生活，让百姓能安居乐业。用现在的话说，就是把人民群众对美好生活的向往当作自己的奋斗目标。

求利或者说追求经济利益本身没什么不对，但要讲"义"，即符合"道义"，也就是要正当、合理，用现在的话说就是要讲道德、守法纪。虽然

---

① 《大学》，《大学·中庸》（王国轩译注），中华书局，2016年版，第41-42页。

"义"不是求利行为的唯一标准，但如果有人见利忘义、唯利是图、利字当头，就可能会做出损公肥私、损人利己、损人不利己的行为，破坏正常的社会秩序。由于人都有趋利避害的本能，所以重义轻利说起来容易做起来还是有一定难度的。但人除了本能，还有思想；相比于逐利，更崇尚道义，舍生取义，相信善有善报。所以那些为了国家、民族、人民利益奋不顾身、杀身成仁的英雄人物一直都为世人赞颂和效仿。

中国共产党为人民而生，因人民而兴，把人民的利益放在至高无上的位置，始终为人民谋幸福，这就是最大的利，也是最大的义，是民族大义，是以义为利。中国共产党成立之初的50多位党员，大多数人家庭条件并不差，甚至是名门望族。他们投身革命，显然不同以往"官逼民反"、只为改变个人境遇的农民运动，他们为的是改变整个国家、民族的命运。和荆轲之类的激于义愤和感于知遇之恩的古代游侠也不一样，成千上万为中华民族伟大复兴而牺牲的中国共产党人，是用为人民谋幸福的初心、使命武装起来的现代革命者。这就是中国共产党立党为公、忠诚为民的大义所在，这是我们需要铭记并践行的。

2. 焉有君子而可以货取乎

【原文】

陈臻问曰："前日于齐，王馈兼金一百，而不受；于宋，馈七十镒而受；于薛，馈五十镒而受。前日之不受是，则今日之受非也；今日之受是，则前日之不受非也。夫子必居一于此矣。"

孟子曰："皆是也。当在宋也，予将有远行。行者必以赆；辞曰：'馈赆。'予何为不受？当在薛也，予有戒心；辞曰：'闻戒，故为兵馈之。'予何为不受？若于齐，则未有处也。无处而馈之，是货之也。焉有君子而可以货取乎？"[1]

① 《孟子·公孙丑下》，《孟子译注》（杨伯峻译注），中华书局，2008年版，第69页。

【大意】

陈臻问道："以前在齐国的时候，齐王送您一百镒上等金，您不接受；到宋国的时候，宋君送给您七十镒，您却接受了；在薛地，薛君送给您五十镒，您也接受了。如果以前的不接受是正确的，那后来的接受便是错误的；如果后来的接受是正确的，那以前的不接受便是错误的。二者之中，老师总有一次做错了吧。"

孟子说："都是正确的。在宋国的时候，我准备远行，对远行的人理应送些盘缠。所以宋王说'送上一些盘缠'，我为什么不接受呢？在薛地的时候，我听说路上有危险，需要戒备。薛君说'听说您需要戒备，送点钱给您买兵器吧'，我为什么不接受呢？至于在齐国，没有什么理由。没有理由却要送给我一些钱，这等于是用钱来收买我。君子哪里是可以拿钱收买的呢？"

【随笔】

子曰："富与贵，是人之所欲也；不以其道得之，不处也。"[①]孔子说："发大财，做大官，这是人人所盼望的，但如果不是用正当的方法得来的，君子是不能接受的，""饭疏食饮水，曲肱而枕之，乐亦在其中矣。不义而富且贵，于我如浮云。"[②]孔子认为，君子爱财，取之有道，他说，吃粗粮，喝冷水，弯起胳膊做枕头，也有乐趣。用不正当的手段得来的富贵，对他就如同浮云。这就是"临财勿苟得"。

孟子进一步发挥了这一观点。他认为，君子对于礼物，接受不接受，标准不是多或者少，而是是否合乎义理，即要做到见利思义、见得思义。说白了，就是不拿不明不白的钱。不合乎义理的，再多也不能受；合乎义理的，虽然菲薄，也可以接受。如果排除了这一条标准，那么就是收受贿赂，君子也就不成其为君子了。所以他说，君子是不能用钱来收买的。

这个义理是什么呢？在我看来，就是纪律、法律法规，就是道德良心。

---

① 《论语·里仁》，《论语译注》（杨伯峻译注），中华书局，2006年版，第39页。
② 《论语·述而》，《论语译注》（杨伯峻译注），中华书局，2006年版，第80页。

如果拿了会违反纪律，触犯法律法规，违背道德良心，就不能拿。没有这个约束，义理就很难把握。人们一旦理解错误，或者是故意理解错误，把不应当接受的东西作为能接受的东西接受了，就会出问题，要被人"货取"了。所以，"苟非吾之所有，虽一毫而莫取"，否则，稍有不慎，就会受制于人。我们要牢记：没有人会白送你好处，天上不会掉馅饼，除非他没有目的，而有目的的送，也就不是白送了。

3. 背仁善战者，该服上刑

【原文】

孟子曰："求也为季氏宰，无能改于其德，而赋粟倍他日。孔子曰：'求非我徒也，小子鸣鼓而攻之可也。'由此观之，君不行仁政而富之，皆弃于孔子者也。况于为之强战？争地以战，杀人盈野；争城以战，杀人盈城。此所谓率土地而食人肉，罪不容于死。故善战者服上刑，连诸侯者次之，辟草莱、任土地者次之。"[①]

【大意】

孟子说："冉求做了季氏的总管，没能改变季氏的行为，反而把田赋增加了一倍。孔子很生气，对学生们说：'冉求不是我的学生，你们可以大张旗鼓地攻击他。'由此看来，不行仁政还去搜刮财富的人，都是孔子所唾弃的，更何况那些为利益努力打仗的人呢？为争夺土地而战，往往杀人遍野；为掠夺城池而战，往往杀人满城。这就是占领土地来吃人肉，这些人的罪过判死刑都不足以宽恕。所以，好战的人应该受最重的刑罚，从事合纵连横的人该受次一等的刑罚，为了增加赋税而使百姓开垦荒地以致扰乱田制的人该受再次一等的刑罚。"

【随笔】

《论语》记载，季氏比周公还有钱，还要增加赋税，让冉求征求孔子的意见。孔子主张"轻徭薄赋"。结果冉求仍旧听从季氏，加重田赋。孔子认

① 《孟子·离娄上》，《孟子译注》（杨伯峻译注），中华书局，2008年版，第132页。

为冉求是在助纣为虐，所以非常生气，于是对弟子们说，冉求不是他的弟子了，你们可以大张旗鼓地攻击冉求。

可见，轻徭薄赋、减轻百姓负担一直是儒家所倡导的。同样，主张行仁政、"保民而王"的孟子，也非常痛恨那些不去辅助国君行仁政，反而帮助国君发动战争、搜刮民膏民脂的人，这些人的行为都是逐利而废义。

我们可以不去管孔老夫子、孟老夫子这些仁政思想的目的是什么，但有一点，工作中多替上级想想对单位发展有益的好点子、好建议，不去溜须拍马、拉帮结派，或是出馊主意、坏点子甚至是助纣为虐，是不是就值得点赞了呢？我认为是的，而且应该是大大的赞，因为这才是"义举"。

4. 不为方能有为

【原文】

孟子曰："人有不为也，而后可以有为。"①

【大意】

孟子说："人要有所不为，才能有所作为。"

【随笔】

舍得舍得，有"舍"方能有"得"，人总是要有所不为，然后才可能有所作为。因为人的精力是有限的，只有舍弃一些事，才能集中精力去干好另一些事，所以，有选择地去做一些事情才能有所作为。再说，一个人如果做了许多不必做、不该做、境界狭小的破事，甚至做了伤天害理、缺德不仁之事，哪里还有可能走上正道？哪里还有工夫，还有精力有大抱负、有大作为呢？

哪些事不为？"非礼之礼，非义之义"，不为。

子夏曰："虽小道，必有可观者焉；致远恐泥，是以君子不为也。"②
子夏说，就算是小技艺，也一定有可取的地方，只是因为担心它妨碍大事，所以君子不做。也就是说，不能为了捡芝麻而丢了西瓜，陷入小事之中耽误

---

① 《孟子·离娄下》，《孟子译注》（杨伯峻译注），中华书局，2008年版，第144页。
② 《论语·子张》，《论语译注》（杨伯峻译注），中华书局，2006年版，第225页。

了大事。善于有为者应该最善于有所不为的，什么都为的人，事无分巨细、事必躬亲的人，很难有太大成绩。

5. 言不必信，行不必果，惟义所在

【原文】

孟子曰："大人者，言不必信，行不必果，惟义所在。"[①]

【大意】

孟子说："有德行的人，说话不一定句句守信，行为不一定贯彻始终，与义同在，依义而行。"

【随笔】

孟子认为，人是要讲诚信的，否则，就不能有操守。"君子不亮，恶乎执？"[②]君子不讲诚信，如何能有操守？但在此处，孟子又说，说话不一定要句句守信。这看似矛盾的两句话其实并不矛盾，反而体现了坚持原则与灵活变通的关系。也就是说，孟子认为，人要讲诚信，但准则是大义。大义所在，其他一切都应依从它。如果一味地以"言必行，行必果"来规范行为，有可能失去义的准则。

孟子的这一观点和孔子是一致的。孔子认为，作为一个人，不讲信用是不可以的，"人而无信，不知其可也。大车无輗，小车无軏，其何以行之哉"？[③]一个人不讲信用，就好比车子没有转轴，如何能行走呢？但同时他也认为，"言必信，行必果，硁硁然小人哉"！[④]说话一定讲信用，行为一定坚决果断，这是固执的普通人，勉强能算是次一等的"士"。换句话说，孔子强调做人要讲信用，但讲信用不是不管是非黑白只管自己贯彻言行，而是指有原则。那哪些言必须守信呢？孔子的原则是"正道"，"君子贞而不

① 《孟子·离娄下》，《孟子译注》（杨伯峻译注），中华书局，2008年版，第144页。
② 《孟子·告子下》，《孟子译注》（杨伯峻译注），中华书局，2008年版，第229页。
③ 《论语·为政》，《论语译注》（杨伯峻译注），中华书局，2006年版，第22页。
④ 《论语·子路》，《论语译注》（杨伯峻译注），中华书局，2006年版，第157页。

谅"。[①]君子坚守正道，而不拘泥于小信，也就是不固执己见。"正道"就是服从于仁、义的规定。离开了仁、义这样的大原则而讲什么"信"，就不是真正的信，而是不分是非的"小信"，就是固执己见。"好信不好学，其弊也贼"，[②]没有原则的讲信用会被人利用，反而会害了自己。所以孔子认为，不分是非的"言必信，行必果"不是君子的品行，而是普通人的作为。这就是变通。

所以，在孔子和孟子看来，一方面，"信"是君子立身处世的基本原则之一；另一方面，又不能拘泥于小节小信，应该以"仁""义"来调节和变通。这就是先秦儒家关于"信"的辩证观。

这就告诉我们，为人处世要光明磊落，言行一致，但一言一行又都不能违背大义。在处理具体事务中，一个人的言行不可太古板，应该在不违背"大义"前提下灵活应变。一句话，要大信，不要小信；要在原则问题上讲信用，不要拘泥、固守小节。

6. 伤廉无取

【原文】

孟子曰："可以取，可以无取，取伤廉；可以与，可以无与，与伤惠；可以死，可以无死，死伤勇。"[③]

【大意】

孟子说："可以拿，可以不拿，拿了就会损伤廉洁，还是不拿为好。可以给予，可以不给予，给予了就会损伤恩惠，还是不给予为好。可以死，可以不死，死了就会损伤勇敢，还是不死为好。"

【随笔】

面对钱财和礼物，不该得的坚决不得，这个或许大多数人都能做到。但可得可不得的时候怎么办？一般人可能会选择得，但孟子认为可得可不

---

① 《论语·卫灵公》，《论语译注》（杨伯峻译注），中华书局，2006年版，第192页。
② 《论语·阳货》，《论语译注》（杨伯峻译注），中华书局，2006年版，第207页。
③ 《孟子·离娄下》，《孟子译注》（杨伯峻译注），中华书局，2008年版，第149页。

得的情况下，得了就会有损廉洁，所以还是不得为好。所以，君子面对钱财和礼物，如果收取有损廉洁，一律不收。这里，实际上是在讲做事情要把握"度"，符合"义"，适当。一旦突破了这个"度"就会走向反面，就像过度的取是不合适的，会伤害廉洁；过度的给予也是不合适的，会伤害恩惠；不合适的死，不是勇敢，而是对勇敢的一种伤害。

7. 不失本心

【原文】

孟子曰："鱼，我所欲也，熊掌亦我所欲也；二者不可得兼，舍鱼而取熊掌者也。生亦我所欲也，义亦我所欲也；二者不可得兼，舍生而取义者也。生亦我所欲，所欲有甚于生者，故不为苟得也；死亦我所恶，所恶有甚于死者，故患有所不辟也。如使人之所欲莫甚于生，则凡可以得生者，何不用也？使人之所恶莫甚于死者，则凡可以辟患者，何不为也？由是则生而有不用也，由是则可以辟患而有不为也，是故所欲有甚于生者，所恶有甚于死者。非独贤者有是心也，人皆有之，贤者能勿丧耳。一箪食，一豆羹，得之则生，弗得则死。嘑尔而与之，行道之人弗受；蹴尔而与之，乞人不屑也。万钟则不辨礼义而受之。万钟于我何加焉？为宫室之美、妻妾之奉、所识穷乏者得我与？乡为身死而不受，今为宫室之美为之；乡为身死而不受，今为妻妾之奉为之；乡为身死而不受，今为所识穷乏者得我而为之，是亦不可以已乎？此之谓失其本心。"[①]

【大意】

孟子说："鱼是我想要的，熊掌也是我想要的，如果这两样东西不能同时得到，那么就舍弃鱼而要熊掌。生是我想要的，义也是我想要的，如果这两样东西不能同时得到，那就舍弃生命而取义。生命是我想要的，但我还有比生命更为想要的东西，所以我不干苟且偷生的事（也就是不会为了活下来而去做一些不想做、不该做的事）。死亡是我厌恶的，但还有比死亡更厌

---

① 《孟子·告子上》，《孟子译注》（杨伯峻译注），中华书局，2008年版，第205页。

恶的东西，所以有的祸害我不躲避（也就是不会因为害怕死亡而去做一些不想做、不该做的事）。如果人们想要的没有超过生命的，那么所有求生的手段，为何不用呢？如果人们所厌恶的没有超过死亡的，那么凡是可以避开灾患的事情，为什么不去做呢？有能生存的手段却不去用，有能得以避开灾害的事情却不去做，是因为有比生命更令人想要的，有比死亡更令人厌恶的。不仅贤能的人有这样的心思，人人都有，只不过贤能的人没有丧失它罢了。一小筐饭，一小碗汤，人们得到它就可以活下去，得不到就会饿死，但吆喝着给予，路上的行人都不会接受；践踏过再给人，乞丐都不屑于要。然而竟有人对万钟的俸禄不问合乎礼义与否就接受，这万钟的俸禄对我有什么好处呢？为了住宅的华美、妻妾的侍奉和我所认识的贫苦人受我的恩惠吗？过去宁肯死都不接受，如今却为了住宅的华美而接受；过去宁肯死都不接受，如今为了妻妾的侍奉而接受了；过去宁肯死都不接受，如今为了使认识的贫苦的人受自己的恩惠而接受了，这些事难道不能罢手吗？这就叫作迷失了本性。"

【随笔】

此为《孟子》名篇之一。

"鱼和熊掌不可兼得"提醒我们在不能兼得的时候，应当有所取舍。"生命诚可贵，爱情价更高。若为自由故，二者皆可抛"。取舍说起来很容易，但做起来有时真的很难，一是难在不舍，因为那不能同时得到的东西都是"我所欲也"。比如，有人想当官又想发财，想出人头地又想轻轻松松，想自由却又不愿承担责任，等等。二是难在很多时候涉及义利之争，这里面就存在取舍的标准——是否符合仁、义——不是人人都能做到的。

正因为难，所以普通人往往会迫于情势顺从自己的欲望，做出非善的行为来，这也就是孟子说的失去了本心。于是，能够坚守"舍生取义"的人就成为不一般的人物了。孔子讲："志士仁人，无求生以害仁，有杀身以成仁。"[①]儒家提倡"舍生取义""杀身成仁"，成仁和取义是付出生命代价

---

① 《论语·卫灵公》，《论语译注》（杨伯峻译注），中华书局，2006年版，第184页。

的理由，而不是把自己变成盲目的杀人机器，这是与所谓的武士道精神完全不同的中华民族精神，一直鼓舞着中华民族无数仁人志士为自己的理想，为国家、民族的利益而献身。

"嘑尔而与之，行道之人弗受；蹴尔而与之，乞人不屑也。"说的就是"不吃嗟来之食"。《礼记》讲了一个小故事：齐大饥，黔敖为食于路，以待饿者而食之。有饿者蒙袂辑屦，贸贸然来。黔敖左奉食，右执饮，曰：'嗟，来食！'扬其目而视之，曰："予唯不食嗟来之食，以至于斯也。"从而谢焉，终不食而死。①说的是齐国发生了严重的饥荒，黔敖准备了食物在路边赈济饥民。有位饥民衣袖遮面，趿拉着鞋，无精打采地走了过来。黔敖左手端饭，右手端汤，冲那人喊道："嘿！来吃吧！"那人抬起眼皮对黔敖说："我正因为不吃嗟来之食才饿成这个样子！"尽管黔敖再三向他道歉，那人仍然坚决不吃，直到饿死。"不食嗟来之食"的故事告诉我们，人一定要靠自己，要做一个有骨气、尊严的人。

在《别了，司徒雷登》一文中，毛主席说："嗟来之食，吃下去肚子要痛的。我们中国人是有骨气的。"②

的确，做人嘛，还是要有点骨气。人面对抉择，要不忘初心；面对诱惑，不忘本心。尤其是面对钱财、礼物，不能因为量小觉得没什么大不了而得之，久而久之，等小变成大时就晚了；更不能因为量小看不上而不为所动，如此，一旦量大岂不心动？

8. 无为其所不为，无欲其所不欲

【原文】

孟子曰："无为其所不为，无欲其所不欲，如此而已矣。"③

【大意】

孟子说："不做不该做的，不要不该要的，这样就行了。"

---

① 《礼记·檀弓下》，《礼记译解》（王文锦译解），中华书局，2016年版，第139—140页。
② 《毛泽东选集》（第四卷），人民出版社，1991年版，第1495页。
③ 《孟子·尽心上》，《孟子译注》（杨伯峻译注），中华书局，2008年版，第239页。

【随笔】

这是最基本的做人道理，言简意赅，但内涵丰富。每个人都能在不同的意境下得出不同的解读。不过，在我看来，孟子所讲的该或不该，其标准应该是"仁、义"。

9. 再作冯妇

【原文】

齐饥。陈臻曰："国人皆以夫子将复为发棠，殆不可复。"

孟子曰："是为冯妇也。晋人有冯妇者，善搏虎，卒为善士。则之野，有众逐虎。虎负嵎，莫之敢撄。望见冯妇，趋而迎之。冯妇攘臂下车。众皆悦之，其为士者笑之。"①

【大意】

齐国闹饥荒，陈臻对孟子说："国内的人都以为您还会再度请齐王打开棠地的仓库来救济灾民，您大概不会再这样做吧。"

孟子说："这样做就成冯妇了。晋国有个人叫冯妇，善于打虎，后来成为行善之人，不再打虎了。有次他到郊外，有很多人在追逐一只老虎。老虎背依山险，没有人敢逼近。众人看见冯妇来了，都上前去迎接。冯妇也就挽起袖子伸出胳膊，走下车。大家都很高兴，可是读书人却在讥笑他。"

【随笔】

读书人讥笑冯妇重操旧业，又干起了打虎的勾当，而放弃了自己做善士的追求。

"再作冯妇"比喻重操旧业。重操旧业行不行呢？我觉得，不能一概而定。如果合"仁"合"义"，为什么不行？

---

① 《孟子·尽心下》，《孟子译注》（杨伯峻译注），中华书局，2008年版，第262页。

第四章　人性本善

子曰："性相近也，习相远也。"[1]但这个每个人初生之时都相近的"人性"是什么？孔子没说。后世由此发展出了不同的学说。孟子认为，人性是"善"的，这个善的内容就是对仁、义、礼、智等伦理道德观念的认同。在孟子看来，因为善是每个人与生俱来的，因此施行以善为核心的仁义之政就符合人性。这就为他的仁政思想奠定了人性论基础——因为人性本善、人心向善、人心思善，所以君王为善就是仁政。

1. 人皆有不忍人之心

【原文】

孟子曰："人皆有不忍人之心。先王有不忍人之心，斯有不忍人之政矣。以不忍人之心，行不忍人之政，治天下可运之掌上。所以谓人皆有不忍人之心者，今人乍见孺子将入于井，皆有怵惕恻隐之心——非所以内交于孺子之父母也，非所以要誉于乡党朋友也，非恶其声而然也。由是观之，无恻隐之心，非人也；无羞恶之心，非人也；无辞让之心，非人也；无是非之心，非人也。恻隐之心，仁之端也；羞恶之心，义之端也；辞让之心，礼之端也；是非之心，智之端也。人之有是四端也，犹其有四体也。有是四端而

① 《论语·阳货》，《论语译注》（杨伯峻译注），中华书局，2006年版，第204页。

自谓不能者，自贼者也；谓其君不能者，贼其君者也。凡有四端于我者，知皆扩而充之矣，若火之始然，泉之始达。苟能充之，足以保四海；苟不充之，不足以事父母。"①

【大意】

孟子说："每个人都有怜悯体恤别人的心情。先王因为有怜悯体恤别人的心情，所以才有怜悯体恤百姓的政治。为政者凭着怜悯体恤别人的心情，施行怜悯体恤百姓的政治，治理天下就可以像在手掌心里面运转小东西一样容易了。之所以说每个人都有怜悯体恤别人的心情，其道理就在于：如果现在有人突然看见一个小孩要掉进井里面去了，必然会产生惊骇同情的心情。这种心情的产生，不是想去和这孩子的父母拉关系，不是想要在乡邻朋友中博取声誉，也不是因为厌恶这孩子的哭声。由此看来，一个人如果没有同情之心，简直不是个人；没有羞耻之心，简直不是个人；没有谦让之心，简直不是个人；没有是非之心，简直不是个人。同情之心是仁的萌芽；羞耻之心是义的萌芽；谦让之心是礼的萌芽；是非之心是智的萌芽。人有这四种萌芽，就像有四肢一样自然而然。有了这四种萌芽却自认为不行的，是自暴自弃的人；认为他的国君不行的人，是害国君的人。凡是有这四种萌芽的人，如果知道且把它们扩充，就像火刚刚开始燃烧，后面定会蔓延；就像泉水刚刚开始流淌，终必汇为江河。如果能够扩充它们，便足以安定天下；如果不能够扩充它们，便连赡养父母都不行。"

【随笔】

孟子认为，"恻隐之心、羞恶之心、辞让之心、是非之心"作为"仁、义、礼、智"的萌芽，是每个人天生就具有的，一旦使它们发扬光大，就会像刚刚点燃的火一定不断蔓延，就会像刚刚喷出的泉水必定会流到远处汇入江河。这体现的是孟子的"性善"论。

告子主张人性无善无不善。他说："性犹湍水也，决诸东方则东流，决

---

① 《孟子·公孙丑上》，《孟子译注》（杨伯峻译注），中华书局，2008年版，第59页。

诸西方则西流。人性之无分于善与不善也，犹水之无分于东西也。"①人性好比激流的水，水从东边冲开缺口就向东流，从西边冲开缺口就向西流。人性也没有善与不善的分别，就像水没有东流、西流的规定一样。孟子对此不予认同并提出了自己论点，他说："水信无分于东西，无分于上下乎？人性之善也，犹水之就下也。人无有不善，水无有不下。今夫水，搏而跃之，可使过颡；激而行之，可使在山。是其水之性哉？其势则然也。人之可使为不善，其性亦犹是也。"②水的确没有固定向东流、西流的分别，但没有向上流或向下流的分别吗？人性向善，就像水性趋向下流。人没有不善良的，水也没有不向下流的。当然，如果拍打水使它飞溅起来，能使它高过额头；堵住通道让水倒流，也能使它流向高山。但这是水的本性吗？乃是形势迫使它如此。人之所以会做出不善的行为，是因为其本性受到了逼迫。

针对孟子的"性善"说，他的弟子公都子表示了不理解。他问孟子，告子认为"人性没有善与不善之分"，也有人认为"人性可以使它善，也可以使它不善"，还有人认为"有的人本性善良，有的人本性不善良"，可老师您却说人本性善良，他们都错了吗？孟子做了解答："乃若其情，则可以为善矣，乃所谓善也。若夫为不善，非才之罪也。恻隐之心，人皆有之；羞恶之心，人皆有之；恭敬之心，人皆有之；是非之心，人皆有之。恻隐之心，仁也；羞恶之心，义也；恭敬之心，礼也；是非之心，智也。仁义礼智，非由外铄我也，我固有之也，弗思耳矣。故曰：'求则得之，舍则失之。'或相倍蓰而无算者，不能尽其才者也。"③孟子对公都子讲："人从天生的资质来看，可以使他善，这就是我所说的人性本善。至于有的人不善，不能归咎于他的资质。同情心，人人都有；羞耻心，人人都有；恭敬心，人人都有；是非心，人人都有。同情心属于仁，羞耻心属于义；恭敬心属于礼；是非心，属于智。仁义礼智，不是由外人给我的，是我本来就具有的，只是未曾探索罢了。所以说：'探求就能获得，放弃就会失去。'人与人之间相差

<hr />

① 《孟子·告子上》，《孟子译注》（杨伯峻译注），中华书局，2008年版，第196页。

② 《孟子·告子上》，《孟子译注》（杨伯峻译注），中华书局，2008年版，第196页。

③ 《孟子·告子上》，《孟子译注》（杨伯峻译注），中华书局，2008年版，第200页。

一倍、五倍乃至无数倍，是因为有些人没能充分发挥他们的人性。"

可见，孟子认为，人的本性就具备仁、义、礼、智，后来之所以有差别，有不同，一是受环境的影响，二是人的后天修养程度不同。

儒家认为，修身方可齐家，齐家才能治国平天下。"四端"不能发扬，就不足以侍奉父母，更别说治国平天下。人与人之间的差别，也就在于这"四端"发挥的程度不同。人如果能充分发扬它，既能侍奉父母，还能使四海安定。

同情之心是仁的萌芽——同情心是人与人之间建立友爱关系的开端。因为人只有具备了同情心，才会在他人困难时予以同情、给予帮助，若是没有这种同情之心，相互之间就不懂得关心和帮助。

羞耻之心是义的萌芽——羞耻之心是选择合适的行为方式的开端。因为人只有具备了这种羞耻之心，才知道什么是可以做的，什么是不可以做的，就会去做该做的、可以做的，而不去做不该做的、不可以做的。人若是没有这种羞耻之心，就可能会胡作非为。

谦让之心是礼的萌芽——谦让就是知礼，礼就是规范，所以谦让之心是遵守社会行为规范，形成和谐人际关系的开端。因为人只有具备了这种谦让之心，才会遵守约定俗成的社会行为规范，包括法律法规，若是没有这种谦让之心，就会我行我素，无视社会行为规范、国家法律法规，就会使自己成为众矢之的。

是非之心是智的萌芽——是非之心是开启智慧的开端。因为人只有具备了这种是非之心，才能分清善恶与对错，才不至于舍善追恶、舍本逐末，若是没有这种是非之心，就会黑白不分，就会轻易相信别人而上当受骗。

综上，"四端"就是：用智慧（智），寻求一种合适的行为方式（义），遵守一定的社会行为规范（礼），建立起人与人之间友爱的关系（仁）。

抛开孟子"性善论""四端说"的先验论内容来看，个人在生活中有意识地修养自己的"恻隐之心、羞恶之心、辞让之心、是非之心"，对于自身修养的提高，还是非常有意义的。

2. 人之所贵者，非良贵也

【原文】

孟子曰："欲贵者，人之同心也。人人有贵于己者，弗思耳矣。人之所贵者，非良贵也。赵孟之所贵，赵孟能贱之。《诗》云：'既醉以酒，既饱以德。'言饱乎仁义也，所以不愿人之膏粱之味也；令闻广誉施于身，所以不愿人之文绣也。"①

【大意】

孟子说："希望显贵是人们的共同心态。但每个人都有尊贵的东西，只是没有去思考罢了。别人所给予的尊贵，不是真正的尊贵。赵孟（代指有权有势者）能让一个人尊贵，同样也能使这个人卑贱。《诗经·大雅·既醉》上说：'既喝美酒喝醉了，也饱享道德的恩惠。'这是说，满足于仁义之德，也就不羡慕别人的肉食美味了；我身上有到处皆知的好名声在，也就不羡慕别人的锦衣绣裳了。"

【随笔】

每个人都有尊贵之处，只不过自己没有发现，没有好好地思考而已。那么，每个人的可尊贵之处在哪里呢？就是本性，爱的本性，善的本性！人把自己的爱心、善心、德行发扬、发挥出来，就会得到别人的赞扬、羡慕和尊敬。因此，孟子强调，别人给的尊贵（锦衣美食）不是真的尊贵，因为这些东西别人能给予，也能拿走；只有善心、善性是自己的，别人拿不走。所以我们要以追求仁义之德为尊贵。

3. 君子所性，仁义礼智根于心

【原文】

孟子曰："广土众民，君子欲之，所乐不存焉；中天下而立，定四海之民，君子乐之，所性不存焉。君子所性，虽大行不加焉，虽穷居不损焉，分

---

① 《孟子·告子上》，《孟子译注》（杨伯峻译注），中华书局，2008年版，第210页。

定故也。君子所性，仁义礼智根于心，其生色也睟然，见于面，盎于背，施于四体，四体不言而喻。"①

【大意】

孟子说："拥有辽阔的土地和众多的人民，是君子所希望的，但他的乐趣不在于此。居于天下的中央，安定四海的百姓，君子以此为乐，但他的本性不在这里。君子的本性，纵使他的理想通行于天下也不因此而增，纵使穷困隐居也不会因此而减，这是因为本分已经确定了的缘故。君子的本性，是仁义礼智根植于心中，其孕育的气质是纯和温润，表现于脸，反映于肩背，施行于四肢，四肢的动作不必言说，别人就能一目了然。"

【随笔】

一个人的内在修养能通过具体的言行举止表现出来。孟子认为："形色，天性也；惟圣人，然后可以践形。"②人的身体容貌是天生的，但圣人可以做到表里如一。

朋友圈里经常有人说：有没有替后面的人扶门的习惯、饭桌上夹菜的细小动作、对待街边老人小孩的态度等都能反映一个人的修养。"恭而无礼则劳"③就是这个道理。所以，人要内外如一。颜值高的人需要有好的内在修养与之相统一；颜值不怎么高的人也不要气馁。我经常给学生讲，连我这般资质、长相都可以通过读书、运动、修身提升自己的气质，你们更能，要自信。

4. 人皆有所不忍，达之于其所忍，仁也；人皆有所不为，达之于其所为，义也

【原文】

孟子曰："人皆有所不忍，达之于其所忍，仁也；人皆有所不为，达之于其所为，义也。人能充无欲害人之心，而仁不可胜用也；人能充无穿逾

---

① 《孟子·尽心上》，《孟子译注》（杨伯峻译注），中华书局，2008年版，第241页。

② 《孟子·尽心上》，《孟子译注》（杨伯峻译注），中华书局，2008年版，第249页。

③ 《论语·泰伯》，《论语译注》（杨伯峻译注），中华书局，2006年版，第90页。

之心，而义不可胜用也；人能充无受尔汝之实，无所往而不为义也。士未可以言而言，是以言餂之也；可以言而不言，是以不言餂之也，是皆穿逾之类也。"①

【大意】

孟子说："每个人都有不愿做的事，把它变成愿做的事情上，就是仁；每个人都有不肯干的事，使它成为肯干的事情上，就是义。换句话说，人能够把不想害人的念头扩而充之，仁就用不尽了；人能够把不挖洞跳墙的心扩而充之，义就用不尽了；人能够把不受人轻贱的言行扩而充之，以至所言所行都不会招致轻贱，那无论到哪里都合于义了。一个读书人，不可同他言谈却去和他言谈，这是用言谈来诱他以便自己取利；可以同他言谈却不去同他言谈，这是用沉默来诱他以便自己取利，这些都属于挖洞跳墙的行为。"

【随笔】

有所不忍和有所不为，如"无欲害人之心""无穿逾之心""无受尔汝之实"，这些都只是人的善端，必须加以扩充，也就是要推己及人，才能实现道德的完善。

用言谈或沉默的手段来探取对方隐藏于心的东西，从而获得好处，这种做法和人所共见的挖洞跳墙的小偷行为一样的可耻，是不符合礼义的行为。

子曰："可与言而不与之言，失人；不可与言而与之言，失言。知者不失人，亦不失言。"②孔子说可以同他言谈的人却不同他谈，这是错过人才；不可以同他言谈的人却同他谈，这是浪费言语。聪明人既不错过人才，也不浪费言语。在孔子看来，言或不言是智慧，应该谈而不谈，不应该谈而谈，都是缺乏见识的表现，这一点很好理解。而孟子把言或不言与是否获利相关联，则属于仁义与否的范围了。

---

① 《孟子·尽心下》，《孟子译注》（杨伯峻译注），中华书局，2008年版，第266页。
② 《论语·卫灵公》，《论语译注》（杨伯峻译注），中华书局，2006年版，第184页。

第五章　修身养性

孟子的"性善说"认为人有向善、讲伦理道德的本性，但经常受到后天的蒙蔽、压抑，需要社会的教化和个人的自觉修养才能发挥出来。因此，为政者必须加强自身修养，以发扬善心、善性，从而才能行仁政。

1. 知类：修身比养生更重要

【原文】

孟子曰："今有无名之指屈而不信，非疾痛害事也，如有能信之者，则不远秦楚之路，为指之不若人也。指不若人，则知恶之；心不若人，则不知恶，此之谓不知类也。"①

孟子曰："拱把之桐梓，人苟欲生之，皆知所以养之者。至于身，而不知所以养之者，岂爱身不若桐梓哉？弗思甚也。"②

【大意】

孟子说："有一个人的无名指弯曲而不能伸直，但并不疼痛也不妨碍做事，如果有人能替他伸直，哪怕是到秦国、楚国去治疗，他也不会觉得路途遥远，这是因为他的指头比不上别人。指头比不上别人就知道厌恶，良心比不上别人却不知道厌恶，这就叫不知道轻重。"

---

① 《孟子·告子上》，《孟子译注》（杨伯峻译注），中华书局，2008年版，第207页。
② 《孟子·告子上》，《孟子译注》（杨伯峻译注），中华书局，2008年版，第207页。

孟子说：“一只手就能握住的桐梓小树苗，人们如果想要它生长，都知道怎么样培养它。而对于自己的身体，却不知道怎样保养。难道爱护自己的身体还比不上爱护桐梓树苗吗？真是太不动脑筋了。”

【随笔】

身体有病，哪怕是手指头不对了，一般都会去看医生，但良心坏了呢？可能有些人就不知道修正。这就叫不知轻重。人对家里养的花草、树木经常浇水施肥，但对自己的身体、良心能不能经常检查、反思呢？可能有些人忘了养花、种树本身就是为了修身养性。所以，做人，良心要比身体重要，人要像爱护自己的身体一样爱护自己的善良本性，要像培养、爱护小树苗一样培养、爱护自己的善良本性。

“体有贵贱，有大小。无以小害大，无以贱害贵。……养其一指而失其肩背，而不知也，则为狼疾人也。饮食之人，则人贱之矣，为其养小以失大也。饮食之人无有失也，则口腹岂适为尺寸之肤哉？”[1]一个人为了一根指头而不管整个肩颈，这就是以小害大，以贱害贵，属于糊涂透顶。身体和良心都需要养护，但只管吃吃喝喝而不提高自己思想素质的人，往往被人看不起，因为这也是以小害大，以贱害贵。身体是革命的本钱，但这不是说可以只饱口福而不管身心，而是说有了好的身体才能更好地培养、提高思想素质，从而更好地为社会做贡献。与身体相比，良心是大，是贵，是主要矛盾或者说是矛盾的主要方面，因此，人在两者不能兼顾的情况下，就要抓大放小，首先养护自己的良心。

两利相权取其重，两害相权取其轻，生活中、工作中亦存在这种选择。比如，“壮士断腕”“舍车保帅”告诉我们，长远利益、全局利益是大，短期利益、局部利益为小，我们必须做出抉择。很多人希望自己能有足够的精力扮演好每一个角色：好员工、好上司、好老师、好同事、好伴侣、好朋友、好家长、好子女，但在现实世界里，同时做好所有事情几乎是不可能的，而且一味地求全责备，会把人压垮。我们必须关注长期效应，而非短期

---

① 《孟子·告子上》，《孟子译注》（杨伯峻译注），中华书局，2008年版，第207-208页。

的胜利，且要在人生的不同阶段谨慎考虑当下的重点。厉害的人并非拥有一切，只是懂得抓住最重要的。

2. 求则得之，舍则失之，是求有益于得也，求在我者也

【原文】

孟子曰："求则得之，舍则失之，是求有益于得也，求在我者也。求之有道，得之有命，是求无益于得也，求在外者也。"①

……

孟子曰："口之于味也，目之于色也，耳之于声也，鼻之于臭也，四肢之于安佚也，性也，有命焉，君子不谓性也。仁之于父子也，义之于君臣也，礼之于宾主也，知之于贤者也，圣人之于天道也，命也，有性焉，君子不谓命也。"②

【大意】

孟子说："有些东西寻求就能得到，舍弃就会失去，这种寻求有益于得到，是因为所寻求的对象是我本身固有的。寻求有一定的方式，得到得不到却要听从天命，这种寻求无益于得到，是因为寻求的是我身外的东西。"

……

孟子说："口舌对于美味，眼睛对于美色，耳朵对于好听的声音，鼻子对于芬芳的气味，肢体对于安逸，这些追求都是人的本性，但能否享受到，却属于命运，所以君子不强调天性。仁在父子之间，义在君臣之间，礼在宾主之间，贤能的人有智慧，圣人洞晓天道，这些是命运，也有天性的作用，但君子不认为它们是属于命运的，因而努力去顺从天性，求其实现。"

【随笔】

孟子的意思是说，像仁义礼智这类东西，是自身本性所固有的，只要寻求，就能得到；富贵权势之类的东西，属于身外之物，能通过一定的方式去寻求，但能否得到，则不是自己能决定的，要受各种条件的制约，即所谓

---

① 《孟子·尽心上》，《孟子译注》（杨伯峻译注），中华书局，2008年版，第234页。
② 《孟子·尽心下》，《孟子译注》（杨伯峻译注），中华书局，2008年版，第263页。

"谋事在人，成事在天"。

所以，我们要做的是修养好自身，不要舍本逐末去追求身外之物，要努力寻求仁义礼智的实现，不要去费尽心思追求感官享受。

孟子认为，天性的东西是内在的，只要自己努力就一定能得到，正如孔子所讲"我欲仁，斯仁致矣"。①而富贵权势是外在的，取之有道，就算强求也不一定能得到。但一般人对于后者，越是得不到就越竭尽全力去追求；对于前者，不具备反而听之任之。君子刚好反之。孟子区分天性与命运的不同，目的在于勉励人们追求大道、善性。

3. 修身以事天

【原文】

孟子曰："尽其心者，知其性也。知其性，则知天矣。存其心，养其性，所以事天也。夭寿不贰，修身以俟之，所以立命也。"②

【大意】

孟子说："充分发扬善良的本心，这就是懂得了人的本性。懂得了人的本性就懂得天命。保持人的本心，培养人的本性，这就是对待天命的方法。无论短命长寿都不三心二意，只是培养身心，提高自己的品德与素质来对待天命，这就是安身立命的方法。"

【随笔】

孟子认为，人通过发挥主观能动性，对人性、天命是可知的。

孟子充分肯定自身修养的重要性，与《中庸》所讲的"君子居易以俟命"③（君子安居现状等待天命）不同，孟子不提倡消极地等待命运的安排，而是强调安身立命、修身以事天——面对客观社会环境及条件，要通过发挥主观能动性，保存人的善心，修养人的仁义本性，提高自己的品德与素质来"立命"。

---

① 《论语·述而》，《论语译注》（杨伯峻译注），中华书局，2006年版，第85页。

② 《孟子·尽心上》，《孟子译注》（杨伯峻译注），中华书局，2008年版，第233页。

③ 《中庸》，《大学·中庸》（王国轩译注），中华书局，2016年版，第86页。

4. 道德人格的六重境界：善、信、美、大、圣、神

【原文】

浩生不害问曰："乐正子何人也？"

孟子曰："善人也，信人也。"

"何谓善？何谓信？"

曰："可欲之谓善，有诸己之谓信，充实之谓美，充实而有光辉之谓大，大而化之之谓圣，圣而不可知之之谓神。乐正子，二之中，四之下也。"①

【大意】

浩生不害问："乐正子是个什么样的人？"

孟子说："好人，实在之人。"

浩生不害问："怎么叫好？怎么叫实在？"

孟子说："那人值得喜欢便叫'好'，那些'好'为他自身所拥有便叫'实在'，那些好充满于他本身就叫作'美'；不但充满，而且发扬出来便叫作'大'；发扬出来又能融会贯通，便叫作'圣'；圣德到了不可测度的境界便叫作'神'。乐正子这个人介于好和实在两者之中，美、大、圣、神四者之下。"

【随笔】

孟子提出个人道德人格的六重境界：善、信、美、大、圣、神。

"善"（好）和"信"（实在）是一种不自觉的行为；"美"就是要通过自觉学习，知晓"道"而让它充满于自身；"大"就是不仅充满自身，还要能照亮、影响帮助别人；"圣"就是能融会贯通；"神"大概就是孔子所讲的"随心所欲不逾矩"吧！

我在想，自己该怎么做呢？至少不能丢掉善和信吧，当然，还要力争美和大。

---

① 《孟子·尽心下》，《孟子译注》（杨伯峻译注），中华书局，2008年版，第263-264页。

5. 无流连之乐，无荒亡之行

【原文】

"昔者齐景公问于晏子曰：'吾欲观于转附、朝儛，遵海而南，放于琅邪。吾何修而可以比于先王观也？'

晏子对曰：'善哉问也！天子适诸侯曰巡狩。巡狩者，巡所守也。诸侯朝于天子曰述职。述职者，述所职也。无非事者。春省耕而补不足，秋省敛而助不给。夏谚曰：'吾王不游，吾何以休？吾王不豫，吾何以助？一游一豫，为诸侯度。'今也不然：师行而粮食，饥者弗食，劳者弗息。睊睊胥谗，民乃作慝。方命虐民，饮食若流。流连荒亡，为诸侯忧。从流下而忘反谓之流，从流上而忘反谓之连，从兽无厌谓之荒，乐酒无厌谓之亡。先王无流连之乐，荒亡之行。惟君所行也。'"①

【大意】

从前齐景公问晏子说："我想到转附、朝儛两座山观光游览，然后沿着海岸向南行，一直到琅邪。我该怎样做才能够和过去圣贤君王的巡游相比拟呢？"晏子回答说："问得好呀！天子到诸侯的国家去叫作巡狩。巡狩就是巡视各诸侯所守疆土的意思。诸侯去朝见天子叫述职。述职就是报告在他职责内的工作的意思。两者没有不是与工作相结合的。春天里巡视耕种情况，对贫困人家给予补助；秋天里巡视收获情况，对缺粮人家给予补助。夏朝的谚语说：'我王不出来游，我怎么能得到休息？我王不出来巡视，我怎么能得到补助？我的王游游走走，足以作为诸侯的法度。'现在可不是这样了，国君一出游就兴师动众，到处筹粮运米。饥饿的人得不到粮食补助，劳苦的人得不到休息。大家无不切齿侧目，怨声载道，违法乱纪、为非作歹的事情也就做出来了。这种出游违背天意，虐待百姓，大吃大喝浪费如同流水一样。真是流连忘返，荒亡无行，连诸侯们都为此而忧虑。什么叫流连荒亡呢？从上游向下游的游玩，乐而忘归叫作流；从下游向上游的游玩，乐而忘

---

① 《孟子·梁惠王下》，《孟子译注》（杨伯峻译注），中华书局，2008年版，第24—25页。

归叫作连；打猎不知厌倦叫作荒；喝酒不加节制叫作亡。过去的圣贤君王都没有这种流连荒亡的行为。至于大王您的行为，只有您自己选择了。"

【随笔】

这是孟子在见齐宣王时转述晏子与齐景公的对话中的一段。

流连，就是游玩乐而忘归；荒亡，就是沉迷于田猎酒色，纵欲无度。流连荒亡意指沉溺于游乐。而沉溺于游乐，就会让人丧失志向。从这个角度看，中央的"八项规定"的确是明智的，其不仅有利于党员干部个人、家庭的和谐，还有利于社会的发展。对个人来讲，每次长假之后的假日综合征很大程度上就是由于假期过于放松，大吃大喝，游玩娱乐无节制，导致一下子难以适应收假后的规律生活。所以，生活简朴而有规律，松弛有度，还是非常有必要的。

孔子曰："益者三乐，损者三乐。乐节礼乐，乐道人之善，乐多贤友，益矣。乐骄乐，乐佚游，乐晏乐，损矣。"[1]孔子说："有益的快乐有三种，有害的快乐有三种。以得到礼乐的调节为快乐，以宣扬别人的好处为快乐，以交了不少有益的朋友为快乐，便有益了。以骄傲为快乐，以游荡忘返为快乐，以饮食荒淫为快乐，便有害了。"由俭入奢易，由奢入俭难。做人嘛，还是要游乐有节制。这就是修身。

6. 祸福无不自己求之者

【原文】

"今国家闲暇，及是时，般乐怠敖，是自求祸也。祸福无不自己求之者。《诗》云：'永言配命，自求多福。'《太甲》曰：'天作孽，犹可违；自作孽，不可活。'此之谓也。"[2]

【大意】

孟子说，现今国家局势稳定，没有内忧外患，此时追求享乐，懈怠仁政，等于自求灾祸。祸害与幸福，没有不是自己招来的。《诗经·大雅·文

---

① 《论语·季氏》，《论语译注》（杨伯峻译注），中华书局，2006年版，第198页。

② 《孟子·公孙丑上》，《孟子译注》（杨伯峻译注），中华书局，2008年版，第56页。

王》说："长久地配合天命，为自己求得更多的幸福。"《尚书·太甲》也说过："天降的灾祸还可以躲避，自己造作的罪孽，是无法存活下来的。"说的就是这个意思。

【随笔】

孟子认为要居安思危，防患于未然。如果为政者在国家局势稳定时懈怠，追求享乐，那等于是自取灾祸。实际上，国、家、组织、个人的兴盛衰微，都有其自身的因素，外部条件通过自身因素而起作用，福祸都由人们自取。在《孟子·离娄上》篇，还有一处孟子的观点："夫人必自侮，然后人侮之；家必自毁，而后人毁之；国必自伐，而后人伐之。《太甲》曰：'天作孽，犹可违；自作孽，不可活。'此之谓也。"①意思是说，一个人一定是先有自取侮辱的行为，别人才侮辱他；一个家庭必定是有自取毁坏的因素，别人才来毁坏它；一个国家必定是自己内部有招致讨伐的因由，别人才来讨伐它。《尚书·太甲》上说："天降的灾祸还可以躲避，自己造作的罪孽，是无法存活下来。"说的就是这个意思。

7. 权知轻重，度知长短

【原文】

权，然后知轻重；度，然后知长短。物皆然，心为甚。②

【大意】

孟子说，称一称，才晓得轻重；量一量，才晓得长短。什么东西都如此，人的心更需要这样。

【随笔】

实践出真知，没有调查就没有发言权，凡事只能亲身经历，才能有更深的体会。进一步来讲，我们每个人都应该经常掂量掂量自己，也就是要经常反省自己；只有这样，才能时刻警醒自己、认识自己、改进自己。

① 《孟子·离娄上》，《孟子译注》（杨伯峻译注），中华书局，2008年版，第127页。
② 《孟子·梁惠王上》，《孟子译注》（杨伯峻译注），中华书局，2008年版，第12页。

8. 反求诸己

【原文】

孟子曰："矢人岂不仁于函人哉？矢人唯恐不伤人，函人唯恐伤人。巫匠亦然。故术不可不慎也。孔子曰'里仁为美，择不处仁，焉得智？'夫仁，天之尊爵也，人之安宅也。莫之御而不仁，是不智也。不仁不智，无礼无义，人役也。人役而耻为役，由弓人而耻为弓，矢人耻而为矢也。如耻之，莫如为仁。仁者如射：射者正己而后发；发而不中，不怨胜己者，反求诸己而已矣。"①

【大意】

孟子说："造箭的人难道比起制甲的人更不仁吗？造箭的人生怕他的箭不能伤人，而制甲的人生怕他的甲不能御敌而让人受伤。巫师和木匠也是如此，一个担心自己的法术不灵不能帮人治病，一个担心病人痊愈自己的棺材卖不出去。因此，一个人选择谋生之术不可以不慎重。孔子说：'与仁相处是最好不过的事。不选择与仁相处，怎么能是智慧呢？'仁是上天最尊贵的爵位，是人最安逸的住宅。没有什么阻碍你追求仁，你却做不到仁，这是不聪明。不仁不智，无礼无义的人只能做别人的仆役。作为仆役却耻于为他人所役使，就好比造弓的人以造弓为耻，造箭的人以造箭为耻一样。一个人如果真以此为耻，那还不如做到仁。行仁的人就像参加射箭比赛的人，射手先端正自己的姿势然后才放箭；如果没有射中，不埋怨那些胜过自己的人，反躬自问，主动从自身找原因。

【随笔】

孟子认为人性本善，也承认，一个人能否做到仁，是要受到外界条件影响的。但他认为，面对客观条件的制约，人是能发挥主观能动性的。他引用孔子的话来说明能否做到仁，完全取决于个人自身的认识和选择。

---

① 《孟子·公孙丑上》，《孟子译注》（杨伯峻译注），中华书局，2008年版，第60页。

子曰："射有似乎君子。失诸正鹄，反求诸其身。"①君子立身处世就像射箭一样，射不中，不怪靶子不正，而是检讨自己箭术不行。此处，孟子同样以射手射箭来说明，要搞好自己的品德修养，应强调"自省""自反"，也就是自我反省、自我检查、自我批评。在工作和生活中遇到问题时，我们就像射箭的人一样，不怨天尤人，而是首先检讨自身的行为是否遵循正道。自身端正了，做事才会取得成效。这一观点多次出现在《孟子》中。

孟子曰："爱人不亲，反其仁；治人不治，反其智；礼人不答，反其敬——行有不得者皆反求诸己，其身正而天下归之。"②我爱别人，可是别人却不亲近我，那我得反问是不是自己的仁爱还不够；我管理别人，可是没有管好，那我得反问是不是自己的智慧还不够；我以礼待人，可是得不到相应的回应，那我得反问是不是自己的恭敬还不够。任何行为，如果没有得到预期的效果，都要反躬自责，要求自身做得更加完善。只有自己做得正，做事才会取得成效。自身的确端正了，人心自然会归服。

然而，在现实生活中经常能见到这样的人——遇事受挫，便怨天尤人，一腔怒火：下属不"听话"，他们抱怨下属素质太差；学问立不住，他们抱怨同行不识货；孤家寡人，抱怨友人不义；购物不满意，他们抱怨商家；题目不会做，他们抱怨老师命题太难，除了从来不反省自己以外，对谁都骂个狗血喷头。这些人，除了脾气大，还有什么？

所以说，员工绩效差，领导不要抱怨员工的无能，而要检讨自己！通常错在于：第一，选错人；第二，不知道如何带人；第三，没有建立规范的制度和流程、标准；第四，不善于培养员工，没给员工授权，锻炼其能力；第五，没有建立竞争机制，不敢发起竞争，淘汰人，被平庸的员工绑架。

"有人于此，其待我以横逆，则君子必自反也：我必不仁也，必无礼也，此物奚宜至哉？其自反而仁矣，自反而有礼矣，其横逆由是也，君子必自反也，我必不忠。自反而忠矣，其横逆由是也，君子曰：'此亦妄人也已

① 《中庸》，《大学·中庸》（王国轩译注），中华书局，2016年版，第86页。
② 《孟子·离娄上》，《孟子译注》（杨伯峻译注），中华书局，2008年版，第125页。

第五章 修身养性

矣。如此则与禽兽奚择哉？于禽兽又何难焉？'"①孟子说，假如有个人，他对我蛮横无理，那么君子一定反躬自问：我一定不仁、一定无礼，不然别人怎么会用这种态度对我呢？反躬自问之后，认为自己仁、自己有礼，但那人仍然蛮横无理，君子又一定会反躬自问，我一定不忠。反躬自问之后，认为自己是忠心耿耿的，那人还是蛮横无理，君子就会说："这是个狂妄之徒，这样的人，跟禽兽有什么区别呢？对禽兽又有什么可责备的呢？"

君子的自我检讨是深刻的，而且经过自我检讨确认不是自己的原因时，也不会去责备他人。

实际上，强调通过内省来完善自我，严以律己，宽以待人，这是儒家一贯的修身之道。

子曰："见贤思齐焉，见不贤而内自省也。"②见到有德行的就要向他看齐，见到没有德行的就要自我省察是否有和他一样的不好的行为。

子曰："躬自厚而薄责于人，则远怨矣。"③多反省自己，少责备别人，就能避免别人的怨恨。

子曰："君子求诸己，小人求诸人。"④君子责求自己，小人责求别人。

"故君子内省不疚，无恶于志。"⑤子曰："内省不疚，夫何忧何惧？"⑥君子反思自己而问心无愧，还有什么可以忧愁和恐惧的呢？

子曰："君子病无能焉，不病人之不己知也。"⑦君子只反思自己，惭愧自己没有能力，不怨恨别人不了解自己。

曾子曰："吾日三省吾身：为人谋而不忠乎？与朋友交而不信乎？传不

---

① 《孟子·离娄下》，《孟子译注》（杨伯峻译注），中华书局，2008年版，第152页。

② 《论语·里仁》，《论语译注》（杨伯峻译注），中华书局，2006年版，第43页。

③ 《论语·卫灵公》，《论语译注》（杨伯峻译注），中华书局，2006年版，第186页。

④ 《论语·卫灵公》，《论语译注》（杨伯峻译注），中华书局，2006年版，第187页。

⑤ 《中庸》，《大学·中庸》（王国轩译注），中华书局，2016年版，第146页。

⑥ 《论语·颜渊》，《论语译注》（杨伯峻译注），中华书局，2006年版，第140页。

⑦ 《论语·卫灵公》，《论语译注》（杨伯峻译注），中华书局，2006年版，第187页。

习乎？"①曾子说他每天要多次自我反省：替他人办事是否尽心竭力了——"人不知而不愠，不亦君子乎？"与朋友交往是否守信了——"有朋自远方来，不亦乐乎？"老师传授的学业是否温习、练习了——"学而时习之，不亦说乎？"②

9. 过则改之

【原文】

古之君子，过则改之；今之君子，过则顺之。古之君子，其过也，如日月之食，民皆见之；及其更也，民皆仰之。今之君子，岂徒顺之，又从为之辞。③

【大意】

孟子说，古时候的君子，有了过错就会改正；如今的君子，有了过错竟将错就错。古时候的君子，他的过错好像日食、月食一样，老百姓个个都看得到；当他改正的时候，个个都仰望着。如今的君子，不仅将错就错，而且还会编一套言辞来为自己的错误辩护。

【随笔】

凡人难免有错，即使是古之君子，也有过错误，但通过反省发现自己有了过错之后该怎么办呢？孟子继承了孔子的观点，批评那些犯了错误不去改正、将错就错、文过饰非的人，提出有了过错就要改正。

子曰："过，则勿惮改。"④"过而不改，是谓过矣"。⑤孔子说有了过错不要怕改正。有错误而不改正，那个错误便真叫作错误了。人有了过错并不可怕，可怕的是坚持错误，不去改正。人非圣贤，孰能无过？关键不在于过，而在于人能否改过，保证今后不再重犯同样的错误。这是对待错误的

---

① 《论语·学而》，《论语译注》（杨伯峻译注），中华书局，2006年版，第3-4页。

② 《论语·学而》，《论语译注》（杨伯峻译注），中华书局，2006年版，第1页。

③ 《孟子·公孙丑下》，《孟子译注》（杨伯峻译注），中华书局，2008年版，第76页。

④ 《论语·学而》，《论语译注》（杨伯峻译注），中华书局，2006年版，第6页。

⑤ 《论语·卫灵公》，《论语译注》（杨伯峻译注），中华书局，2006年版，第190页。

唯一正确态度。"不贰过",同样的错误不犯第二次,这是一种优秀的品质。

子贡曰:"君子之过也,如日月之食焉:过也,人皆见之;更也,人皆仰之。"①子贡说:"君子的过失好比日食、月食:其错误,每个人都看得见;君子更改的时候,每个人都仰望他。"君子勇于改正自己的过错,所以令人敬佩。

子夏曰:"小人之过也必文。"②小人不承认有过错,不愿意改正过错,所以对于错误一定加以掩饰。

10. 如知其非义,斯速已矣,何待来年

【原文】

戴盈之曰:"什一,去关市之征,今兹未能,请轻之,以待来年,然后已,何如?"

孟子曰:"今有人日攘其邻之鸡者,或告之曰:'是非君子之道。'曰:'请损之,月攘一鸡,以待来年,然后已。'——如知其非义,斯速已矣,何待来年。"③

【大意】

戴盈之说:"税率十分抽一,免除关卡和商品的税收,今年还办不到,预备先减轻一些,等到明年再完全实行,怎么样?"

孟子说:"现在有一个人每天都偷他邻居一只鸡,有人告诉他说:'这不是正派人的行为。'他便说:'我打算少偷一些,先每月偷一只,等到明年再完全不偷。'——如果明明知道这种行为不合理,就应该赶快改正,为什么要等到明年呢?"

【随笔】

戴盈之是宋国的大夫,想改变自己当前的做法,却下不了决心马上去做。孟子就用偷鸡贼的故事做比喻来开导他,"知义理之不可而不能速改,

---

① 《论语·子张》,《论语译注》(杨伯峻译注),中华书局,2006年版,第230页。

② 《论语·子张》,《论语译注》(杨伯峻译注),中华书局,2006年版,第226页。

③ 《孟子·滕文公下》,《孟子译注》(杨伯峻译注),中华书局,2008年版,第115页。

与月攘一鸡何以异哉"？

生活中不乏有和这个偷鸡贼一样的心态与逻辑之人：明明认识到不对，就是不愿意彻底改正，而以减少数量来遮掩不改性质的问题。譬如，有些人戒烟、戒酒、戒懒，都会以一步一步来为借口；又如，领导解决员工的困难，不想一下子解决，就会以"有比没有好、解决一点总比一点都没解决好"等诸多理由搪塞。

11. 善要保持、恶要革新

【原文】

孟子曰："西子蒙不洁，则人皆掩鼻而过之。虽有恶人，斋戒沐浴，则可以祀上帝。"[1]

【大意】

孟子说："如果西施沾染了不洁净的东西，人们路过她身旁时也会掩鼻而过。纵然是面容丑陋的人，只要他洁净了身心，也能祭祀上天。"

【随笔】

有美有善不足恃，贵在保持而勿失。像西施这样美貌之人，只要有一点不洁之处，也会使人们失去欢心。

有丑有恶不足惧，贵在自新。一个人不管过去如何不好，都不要自暴自弃，如果悬崖勒马，还是有重新做人的机会。

对待自己的过错，贵在自我革新，自我上进的人才能得到别人的帮助。《论语》记载，互乡这地方的人很难打交道，孔子却接见了那里的一个少年，弟子们感到疑惑。于是孔子就对他们讲："与其进也，不与其退也，唯何甚？人洁己以进，与其洁也，不保其往也。"[2]孔子讲："我们赞成他的进步，不赞成他的退步。你们何必如此过分，总揪着他的缺点不放呢？别人把自己弄得干干净净而来，便应当赞成他的干净，不要追究他的过去。"这就启示我们，要容人之过，鼓励人进步。只有这样，犯过错误的人才能主动

----

[1]《孟子·离娄下》，《孟子译注》（杨伯峻译注），中华书局，2008年版，第150页。

[2]《论语·述而》，《论语译注》（杨伯峻译注），中华书局，2006年版，第84页。

改正错误，不断进步，这个社会才能形成理性平和、人人向善的风气。

12. 与人为善

【原文】

孟子曰："子路，人告之以有过，则喜。禹闻善言，则拜。大舜有大焉，善与人同，舍己从人，乐取于人以为善。自耕稼、陶、渔以至为帝，无非取于人者。取诸人以为善，是与人为善者也。故君子莫大乎与人为善。"①

【大意】

孟子说："子路，当别人指出他的错误时，他便高兴。大禹听到善言，就给人家敬礼。伟大的舜更是了不得，他对于行善，没有别人与自己的区分，抛弃自己的不足，学习人家的长处，非常高兴地吸取别人的优点来行善。从他种地、做陶器、做渔夫一直到做天子，没有一处优点不是从别人那里汲取来的。汲取别人的优点来行善，这就是偕同别人一起行善。所以，君子最高的德行就是偕同别人一起行善。"

【随笔】

圣贤如何为善的？孟子举了三个例子：子路闻过则喜，听到别人指出自己的不足反而很高兴，这种美德不是一般人能做到的；大禹还要伟大，他闻善言则拜，即听到有益的活，就给人家敬礼。还有比他们更伟大、更高的境界的人，那就是伟大的舜，他抛弃自己不对的，接受别人正确的，乐意汲取别人的长处来和别人一起行善。舜在善的面前，没有人、我之分，自己不善而别人有善，就舍己从人，学习别人的长处来行善；自己有善而别人还没达到，就公之于众带动他人一起来行善。

舜虚心行善、与人为善到了什么地步？孟子曰："舜之居深山之中，与木石居，与鹿豕游，其所以异于深山之野人者几希；及其闻一善言，见一善行，若决江河，沛然莫之能御也。"②舜居住在深山之中，与树木石头同

---

① 《孟子·公孙丑上》，《孟子译注》（杨伯峻译注），中华书局，2008年版，第61页。
② 《孟子·尽心上》，《孟子译注》（杨伯峻译注），中华书局，2008年版，第239页。

住，与鹿和野猪同游，和深山中的草野之人几乎没有什么不同。但当他听到一句好的言语，看见一桩好的行为，就立刻采用推行。这种力量像江河决堤，气势充沛得没有任何东西可以阻挡。

一个人汲取别人的优点来行善，就是在帮助、鼓励别人行善，所以是与人为善；将自己的优点告诉别人带动别人一起来行善也是与人为善。

与人为善就是汲取别人的长处来提高自己，增强自己的本领，再凭借这种本领去帮助别人，鼓励别人同自己一起行善。这是有德之人对待别人的最高境界。

13. 五百年必有王者兴，其间必有名世者

【原文】

孟子去齐。充虞路问曰："夫子若有不豫色然。前日虞闻诸夫子曰：'君子不怨天，不尤人。'"

曰："彼一时，此一时也。五百年必有王者兴，其间必有名世者。由周而来，七百有余岁矣。以其数，则过矣；以其时考之，则可矣。夫天未欲平治天下也；如欲平治天下，当今之世，舍我其谁也？吾何为不豫哉？"[1]

【大意】

孟子离开齐国。在路上，充虞问道："老师似乎不高兴。可是以前我曾听老师您讲过：'君子不抱怨上天，不责怪别人。'"

孟子说："那是一个时候，现在又是一个时候，情况不同了。纵观历史，每五百年就会有一位圣贤国君兴起，其间必有闻名于世的贤人。周朝兴盛以来，到现在已经七百多年了。论年数，已经超过了五百年；论时势，现在正该是圣君贤臣出来的时候了。大概老天不想使天下太平了吧。如果想使天下太平，在当今这个社会里，除了我，还有谁呢？我为什么不高兴呢？"

【随笔】

"不怨天，不尤人。"《论语》中有记载，《中庸》亦有复述。

---

① 《孟子·公孙丑下》，《孟子译注》（杨伯峻译注），中华书局，2008年版，第82页。

子曰："莫我知也夫！"子贡曰："何为其莫知子也？"子曰："不怨天，不尤人，下学而上达。知我者其天乎！"①孔子叹道："没有人了解我呀！"子贡问："为什么没有人了解您呢？"孔子说："不抱怨上天，不责备他人，学习一些平常的知识，却通达天理，透澈了解了很高深的道理。了解我的只有上天吧！"

"君子无入而不自得焉。在上位，不陵下；在下位，不援上。正己而不求于人则无怨。上不怨天，下不尤人。"②君子无论处于什么情况下都是安然自得的。地位高的不欺侮地位低的，地位低的不攀附地位高的。端正自己而不苟求别人，这样就不会有什么怨恨了。上不抱怨老天，下不责怪他人。

此段文字充分反映了孟子自负的心态。"五百年必有王者兴，其间必有名世者"，按照这个观点推算，孟子的时代正应该有"王者"兴起，可孟子周游列国，居然没有发现这样的"王者"。没有"王者"，"名世者"又怎么显现出来呢？而孟子分明觉得自己就是那"名世者"。有"名世者"，却不见"王者"，"名世者"如何"名世"？

如此这般，又怎能"不怨天，不尤人"呢？所以他说"大概老天不想使天下太平了吧"；反过来又自我安慰说，如果老天还想使天下太平，"当今之世，舍我其谁也？"这样一想，也就没有什么不高兴的了。言语之中，有种不得志的惆怅和自命不凡式的解嘲。

在《孟子》的最后一篇《尽心下》的最后一章中，孟子的这一观点展现得更为详细。孟子曰："由尧舜至于汤，五百有余岁；若禹、皋陶，则见而知之；若汤，则闻而知之。由汤至于文王，五百有余岁，若伊尹、莱朱，则见而知之；若文王，则闻而知之。由文王至于孔子，五百有余岁，若太公望、散宜生，则见而知之；若孔子，则闻而知之。由孔子而来至于今，百有余岁，去圣人之世若此其未远也，近圣人之居若此其甚也，然而无有乎尔，则亦无有乎尔。"③孟子说，从尧舜到商汤，经历了五百多年，像禹、皋陶

---

① 《论语·宪问》，《论语译注》（杨伯峻译注），中华书局，2006年版，第176页。
② 《中庸》，《大学·中庸》（王国轩译注），中华书局，2016年版，第86页。
③ 《孟子·尽心下》，《孟子译注》（杨伯峻译注），中华书局，2008年版，第272页。

那些人，便是亲身看见尧舜之道的；像商汤，则只是听到尧舜之道。从商汤到周文王，又经历了五百多年，像伊尹、莱朱，便是亲眼看见商汤之道的；像周文王，便是听到商汤之道的。从周文王到孔子，又经历了五百多年，像太公望、散宜生那些人，便是亲眼看见文王之道的；像孔子，便只是听到文王之道的。从孔子到现在，有一百多年了，我们离开圣人的时间还没有多远，距离圣人的故乡又这么近，但是却没有继承大道的人了，也竟然没有能继承大道的人了。

孔子梦欲见周公——"甚矣吾衰也！久矣吾不复梦见周公！"①是为了重建周礼；孟子言必称尧舜——"人皆可为尧舜"，是为了效行仁政。孔子认为自己是文武之道、周公之礼的继承者，所以面对困境，能发出"天生德于予，桓魋其如予何？"②"文王既没，文不在兹乎？天之将丧斯文也，后死者不得与于斯文也；天之未丧斯文也，匡人其如予何？"③的豪言壮语。在这里，孟子从"五百年必有王者兴，其间必有名世者"的观点出发，历述过去那些具有里程碑性质的圣贤所形成的一个世代相传的"道统"，发出了"当今之世，舍我其谁"的感叹。他既是在告诫人们不要使大道衰落，也是在以孔子大道之继承者自居，体现了他的历史担当和使命感。

子曰："周监于二代，郁郁乎文哉！吾从周。"④孔子以复兴周礼为己任，不是为了复古，而是因为周礼是从夏商两代发展而来的，可见他是从社会历史发展的角度来看待周礼的价值的。子曰："麻冕，礼也；今也纯，俭，吾从众。拜下，礼也；今拜乎上，泰也。虽违众，吾从下。"⑤孔子说，用麻料来织礼帽，这是合乎传统的礼的；今天大家都用丝，这样节俭，我同意大家的做法。臣见君，先在堂下磕头，然后升堂又磕头，这是合乎传统的礼的。今天大家都免除了堂下的磕头，只升堂后磕头，这是倨傲的

---

① 《论语·述而》，《论语译注》（杨伯峻译注），中华书局，2006年版，第76页。

② 《论语·述而》，《论语译注》（杨伯峻译注），中华书局，2006年版，第82页。

③ 《论语·子罕》，《论语译注》（杨伯峻译注），中华书局，2006年版，第100页。

④ 《论语·八佾》，《论语译注》（杨伯峻译注），中华书局，2006年版，第30页。

⑤ 《论语·子罕》，《论语译注》（杨伯峻译注），中华书局，2006年版，第99页。

表现。虽然违反大家意愿，我仍然主张要先在堂下磕头。可见，孔子并不是一味地固执于回到周礼，而是结合今世，对礼既有保留也有发展。同样，在《孟子》全书，孟子以孔子继承者自居也不是为了复古，而是为救当世万民于水火。

因此，对我们后人来讲，继承古之圣贤留下的宝贵财富，也不应该是为了复古，而是要从中华优秀传统文化中汲取修身养性、治国理政的智慧，让中华优秀传统文化实现创造性转化和创新性发展，助推中华民族伟大复兴的中国梦的实现。所谓创造性转化，就是要按照时代特点和要求，对那些表现形式陈旧但仍有借鉴价值的内容加以改造，赋予其新的时代内涵和现代表达形式，激活其生命力。所谓创新性发展，就是要按照时代的新进步、新进展，对中华优秀传统文化的内涵加以补充、拓展、完善，增强其影响力和感召力。

中华民族复兴伟业就是一场接力赛，正是一代一代人为之付出了自己的努力，所以中国梦的实现进入了不可逆转的历史进程。同样，只要我们坚定信心继续接力下去，脚踏实地为实现新时代中国特色社会主义的目标任务而奋斗，就是为实现中国梦而努力。

14. 反身而诚，乐莫大焉

【原文】

孟子曰："万物皆备于我矣。反身而诚，乐莫大焉。强恕而行，求仁莫近焉。"①

【大意】

孟子说："世间万物之理都存在于人的本性之内。反躬自问，自己是诚实的，便是最大的快乐。坚持不懈地推己及人，便是离仁德最近了。"

【随笔】

"万物皆备于我"是孟子"天人合一"观的体现，其虽然带有唯心主义

---

① 《孟子·尽心上》，《孟子译注》（杨伯峻译注），中华书局，2008年版，第234页。

的成分，但结合上下文，可知孟子提倡的是一种强调主体意识，乐观向上的心态：万物之理都存在于人的本性之内，人只需要通过努力一一发现并发挥出来就行。如何做呢？

一是"诚"，诚就是真实无妄，既不自欺，也不欺人。心诚则灵，说的就是心灵达到了至诚的境界，在实践的过程中就能洞悉万物之理即世间万物的根本规律，因此能够根据规律预知未来。

二是"恕"，恕就是己所不欲，勿施于人。《论语》记载，子贡问孔子，有没有一句可以终身奉行的道理？孔子告诉他："其恕乎！己所不欲，勿施于人。"① "恕道"就是以身作则、推己及人之道，自己不喜欢的事物，就不要加给别人。《大学》称之为"絜矩之道"："所恶于上，毋以使下；所恶于下，毋以事上；所恶于前，毋以先后；所恶于后，毋以从前；所恶于右，毋以交于左；所恶于左，毋以交于右。此之谓絜矩之道。"② 你厌恶别人对你的某种行为，你就不要用这种行为来对待他人。

15. 己正方能直人

【原文】

枉己者，未有能直人者也。③

【大意】

孟子说，不正直的人，从来没有能够使别人变得正直。

【随笔】

孟子的弟子陈代觉得孟子过于坚持原则，以至于不受诸侯待见，建议老师不要太迂了，可以适当委屈一点，就像古书上记载的"枉尺而直寻"那样，屈曲一尺而伸直八尺。这样，大可以施行仁政、称王天下，小也可以改善局面、称霸诸侯。孟子否定了陈代的想法，认为如果一开始在原则问题上让步，是无法实现大目标的。他认为，自身正直的人才能使别人正直；自己

---

① 《论语·卫灵公》，《论语译注》（杨伯峻译注），中华书局，2006年版，第188页。

② 《大学》，《大学·中庸》（王国轩译注），中华书局，2016年版，第36页。

③ 《孟子·滕文公下》，《孟子译注》（杨伯峻译注），中华书局，2008年版，第104页。

不行正道，也就谈不上匡正别人。

孟子说，"吾未闻枉己而正人者也"[1]，他从未听说过自己不行正道而能匡正他人的。只有自身正直的人才能服人、匡正别人。"君仁，莫不仁；君义，莫不义；君正，莫不正。一正君而国定矣。"[2]国君仁，天下没有人不仁；国君义，天下没有人不义；国君正，全国没有人不正。只要国君端正了，国家也就安定了。也就是说，天下的治乱，与为政者本身的德行息息相关。为政者以身作则，才能端正风气，教化民众。《大学》里讲："一家仁，一国兴仁；一家让，一国兴让；一人贪戾，一国作乱。其机如此。"[3]国君一家仁爱，一国人受到感化，也会兴起仁爱；国君一家人礼让，一国人也会受到感受，兴起礼让；国君一人贪婪暴戾，一国人也会受到影响，纷纷作乱。其中的关联就是这样紧密。"是故君子有诸己而后求诸人，无诸己而后非诸人。所藏乎身不恕，而能喻诸人者，未之有也"[4]。品德高尚的人，总是自己先做到，然后才要求别人做到；自己先不这样做，然后才要求别人不这样做。不采取这种推己及人的恕道而能晓谕他人的，未曾有过。

受当时的条件限制和阶级局限影响，孟子和孔子一样，都把实现美好社会的希望寄托在明君身上，寄希望于读书人、为政者都能正己修身。的确，普天之下，谁都希望生活在一个人人友善、公正和谐的环境之中，所以他们的主张不仅在当时极具进步意义，而且被中国人传颂千年。

历史已经表明，在以私有制为基础的社会制度中，统治集团的个别人道德修养再高，也无法改变整个阶级的局限性，整个统治阶级集团是不会为了人民大众的利益而主动放弃自己的统治地位的。列宁讲，战胜农奴主阶级而赢得政治自由，没有一次不遇到拼命的反抗，没有一个资本主义国家不是经过资本主义社会各阶级间你死我活的斗争，才在比较自由和民主的基础上建立起来。历史上从来没有一个处于统治地位的阶级会自动让出政权。

---

① 《孟子·万章上》，《孟子译注》（杨伯峻译注），中华书局，2008年版，第173页。

② 《孟子·离娄上》，《孟子译注》（杨伯峻译注），中华书局，2008年版，第136页。

③ 《大学》，《大学·中庸》（王国轩译注），中华书局，2016年版，第31页。

④ 《大学》，《大学·中庸》（王国轩译注），中华书局，2016年版，第31页。

中国封建社会几千年，有王朝兴亡，有官吏设置的变化，但这种变化只是改朝换代而已，其实质仍然是封建贵族和大地主阶级当权。资本主义社会也同样如此。

在社会主义制度下，人民翻身做主人了，有了先进的社会制度作保障，读书人、为政者的道德修养就不再只是为政的需要，而是个人发展和社会发展的必然要求了。所以，抛弃其阶级局限性，孔子、孟子的这一思想对后世的为政者，包括各级单位的领导者，仍有深刻的现实指导意义。不仅如此，其对于朋友、师生、长幼之间的交往，也有借鉴意义。

为政者需要正己修身，这个大家都能理解。《论语》记载，季康子问孔子该如何为政，孔子告诉他："政者，正也。子帅以正，孰敢不正？"①为政就是要做到端正，为政者如果能带头端正自己，发挥表率作用，那下面的人谁不端正呢？孔子还说："苟正其身矣，于从政乎何有？不能正其身，如正人何？"②为政者假若自己端正，治理国政有什么困难呢？但连自身都不能端正，怎么端正别人呢？"君子之德风，小人之德草。草上之风，必偃。"③为政者的德行好比风，老百姓的德行好比草，风向哪边吹，草向哪边倒。"上好礼，则民莫敢不敬；上好义，则民莫敢不服；上好信，则民莫敢不用情。"④为政者讲究礼节，百姓就没有人敢不尊敬；为政者行为正当、遵循道义，百姓就没有人敢不服从；为政者诚恳信实，百姓就没有人敢不用真诚相待。

孟子说"天下之本在国，国之本在家，家之本在身"⑤。天下的基础是国，国的基础是家，家的基础是个人。正所谓"修身、齐家、治国、平天下"，"天下"的根本在于个人，个人修养到位了，就能把家、国、天下的事情办好。所以我们要明白，我们广大党员干部、读书人作为社会治理的主

---

① 《论语·颜渊》，《论语译注》（杨伯峻译注），中华书局，2006年版，第145页。

② 《论语·子路》，《论语译注》（杨伯峻译注），中华书局，2006年版，第155页。

③ 《论语·颜渊》，《论语译注》（杨伯峻译注），中华书局，2006年版，第145页。

④ 《论语·子路》，《论语译注》（杨伯峻译注），中华书局，2006年版，第151页。

⑤ 《孟子·离娄上》，《孟子译注》（杨伯峻译注），中华书局，2008年版，第125页。

体，一定要发挥好表率作用。中国特色社会主义制度和国家治理体系的优势已经显现，而制度的执行靠的是人，所以制度优势的发挥与执行者的素质息息相关。

"其身正，不令而行；其身不正，虽令不从。"①为政者本身行为正当，不用发号施令事情也行得通。他本身行为不正当，纵三令五申，百姓也不会信从。所以每一位党员、每一位读书人、党政系统的每一位公务人员，都要正己修身，争当社会的表率，就是这个道理。

我们国家总人口14亿，党员人数9500多万（截至2021年6月），比例是多少？15：1，也就是说，平均每15个人里面有1个是中国共产党党员。如果每一个党员都能正己修身，发挥榜样作用、带头作用的话，那么我们这个国家能不治理好吗？我们每一个党员都要牢记，入党不仅代表着光荣，更代表着责任和担当，只有更多地尽责和担当，才能让党员这个身份更加光荣，这就是党员先进性的体现。所以，我们每一个党员都要明白自己为什么要入党，自己应该在社会治理中如何正己修身！

在当代社会，我们要正己修身、修德，修的什么德呢？我们要修的是社会主义核心价值观之德——国家：富强、民主、文明、和谐；社会：自由、平等、公正、法治；个人：爱国、敬业、诚信、友善。我们要按照《新时代公民道德建设实施纲要》，践行以文明礼貌、助人为乐、爱护公物、保护环境、遵纪守法为主要内容的社会公德，在社会上做一个好公民；践行以爱岗敬业、诚实守信、办事公道、热情服务、奉献社会为主要内容的职业道德，在工作中做一个好建设者；践行以尊老爱幼、男女平等、夫妻和睦、勤俭持家、邻里互助为主要内容的家庭美德，在家庭里做一个好成员；践行以爱国奉献、明礼遵规、勤劳善良、宽厚正直、自强自律为主要内容的个人品德，在日常生活中养成好品行。

---

① 《论语·子路》，《论语译注》（杨伯峻译注），中华书局，2006年版，第152页。

16. 不由其道而往者，与钻穴隙之类也

【原文】

丈夫生而愿为之有室，女子生而愿为之有家；父母之心，人皆有之。不待父母之命、媒妁之言，钻穴隙相窥，逾墙相从，则父母国人皆贱之。古之人未尝不欲仕也，又恶不由其道。不由其道而往者，与钻穴隙之类也。[①]

【大意】

孟子说，男孩一生下来，父母就希望为他找到妻室；女孩一生下来，父母就希望为她找到夫家。父母的这种心情，是人人都有的。但要是没有父母的许可，没有媒人的介绍，男女就私下钻洞相见，翻墙头幽会，那么，父母、国人都会看不起他们。古时候的人不是不想出来做官，而是讨厌不通过正道来做官。一个人为人做事不走正道，就跟男女钻洞扒门缝是一样的。

【随笔】

"学而优则仕"，孟子认为，读书人需要通过出仕来实现自己的政治抱负，但必须通过正当途径，要合乎礼义的要求，不能见利忘义、不择手段。他以男女苟合偷情为喻，谴责那些不遵其道、不择手段去求取官位的人。这也表明孟子并不担心没有官做，而是忧虑没有行道的机会。

当然，父母之命、媒妁之言放到现在已经过时，但"钻穴隙相窥，逾墙相从"无论是在男女关系，还是官场、职场，都还应该属于"不由其道而往"，也仍然会被"父母国人皆贱之"。

孔子也曾打过类似的比方。他说："色厉而内荏，譬诸小人，其犹穿窬之盗也与？"[②]一个人外表非常威风，但内心却非常虚弱，这种人就像钻洞的小偷一样，由于走的不是正道，所以总担心被人发现，因而外表虽然看不出什么异样，但内心总是担心害怕。所以，我们为人做事，还是光明磊落走正道为好。

---

① 《孟子·滕文公下》，《孟子译注》（杨伯峻译注），中华书局，2008年版，第107页。

② 《论语·阳货》，《论语译注》（杨伯峻译注），中华书局，2006年版，第209页。

第五章 修身养性

17. 规矩，方圆之至也；圣人，人伦之至也

【原文】

孟子曰："规矩，方圆之至也；圣人，人伦之至也。欲为君，尽君道；欲为臣，尽臣道。二者皆法尧舜而已矣。不以舜之所以事尧事君，不敬其君者也；不以尧之所以治民治民，贼其民者也。孔子曰：'道二，仁与不仁而已矣。'暴其民甚，则身弑国亡；不甚，则身危国削，名之曰'幽'、'厉'，虽孝子慈孙，百世不能改也。《诗》云'殷鉴不远，在夏后之世'，此之谓也。"①

【大意】

孟子说："圆规和曲尺，是方与圆的标准；圣人，是做人的最高境界。作为国君，就应该尽国君之道；作为臣子，就应该尽臣子之道。两者都是效法尧舜而已。不用舜侍奉尧的做法来侍奉国君，就是对国君的不尊敬；不用尧治理百姓的做法来治理百姓，就是残害百姓。孔子讲'治理国家的道理只有两种，行仁政与不行仁政而已。'对待百姓太暴虐，自身就会被杀，国家也会灭亡；就算不严重，自身也会危险，国力也会削弱，死后被称'幽''厉'，即便有孝顺仁慈的子孙，经历百世也无法改变结果。《诗经·大雅·荡》说'前车之鉴，后事之师，殷商要以前朝夏桀的下场为镜子呀'，说的就是这个意思。"

【随笔】

"离娄之明、公输子之巧，不以规矩，不能成方圆：师旷之聪，不以六律，不能正五音；尧舜之道，不以仁政，不能平治天下。"②离娄有敏锐的视力，公输班有精巧的手艺，可是他们为了画出准确的方形和圆形，也要使用圆规和曲尺；师旷有辨音的听力，但也得根据六律来校正五音；尧舜道德境界高尚，也要通过行仁政来治理天下。

---

① 《孟子·离娄上》，《孟子译注》（杨伯峻译注），中华书局，2008年版，第123页。
② 《孟子·离娄上》，《孟子译注》（杨伯峻译注），中华书局，2008年版，第121页。

可见，做人做事都要遵循一定的规矩、准则。否则，就算有离娄那样的视力、公输班那样的技艺，如果不使用圆规和曲尺，也不能画出准确的方形和圆形；就算有师旷那样的听力，如果不根据六律，也不能校正五音；就算有尧舜那样的智慧，如果不行仁政，也不能治理好天下。圆规和曲尺、六律就是匠人、艺人做事的准则，仁政就是治国的准则。

当今社会，做人做事的准则就是道德规范、纪律、法律、法规，这些准则就像圆规、曲尺对于工匠那样，不可须臾而离。否则，一个人再有本事，也做不成事。就像离娄和公输班，不使用圆规和曲尺，就不能画出准确的方形和圆形；就像师旷不根据六律，就不能校正五音。就像党员，如果不遵守党规党纪，就会背离先进性和纯洁性。这个道理，应该说人人都懂。

第一，孟子说圣人是做人的最高境界，而且"人皆可以为尧舜"①。圣人也是人，也是从普通人中走出来的。孟子说自己与其他人没什么不同，而且"尧舜与人同耳"②，说没什么不同，是因为作为人，长的都差不多，都是一个脑袋、两只眼睛、两个鼻孔、一张嘴，所以孟子说自己没有什么不同于平常人，尧舜也与平常人相同。但这只是外表上的，而一般人从外表上却是看不出内在的差别的。孟子与其他人相比，贵在能坚持学习尧舜之道。圣人与常人相比，贵在能坚守内在的仁心与德行。因此，我们要成为尧舜，就要以他们做人的态度和方法为标准，就要以他们的那种道德境界为目标，不断完善自我修养、增长自我见识。从这个角度讲，"人皆可为尧舜"，是说人人都可以学习尧舜之道。放到当今社会，那些令人尊敬的先进人物、模范人物、英雄人物，他们平时虽与普通人没有两样，但他们能一以贯之做到遵守仁义之道，这本身是不是就值得我们学习？

第二，怎样才能成为尧舜呢？孟子也给出了答案："徐行后长者谓之弟，疾行先长者谓之不弟。夫徐行者，岂人所不能哉？所不为也。尧舜之道，孝弟而已矣。子服尧之服，诵尧之言，行尧之行，是尧而已矣。子服桀

---

① 《孟子·告子下》，《孟子译注》（杨伯峻译注），中华书局，2008年版，第214页。
② 《孟子·离娄下》，《孟子译注》（杨伯峻译注），中华书局，2008年版，第156页。

第五章　修身养性

之服，诵桀之言，行桀之行，是桀而已矣。"①孟子说，慢点儿走，走在长者后面的行为，叫作悌；走得很快，抢到长者前面的行为，便叫不悌。慢点儿走，难道是人所不能的吗？只是不那样做罢了。尧、舜之道，也不过是孝悌而已。你穿尧的衣服，说尧说的话，有尧的所作所为，就是尧了。你穿桀的衣服，说桀说的话，有桀的所作所为，便是桀了。孟子认为，为政者能否达到尧舜的境界，关键不在于能够不能够，而在于有没有决心去做，为善为恶都在于自己。只要遵循尧舜做人做事的标准去做，就能成为尧舜。也就是说，孟子认为成为尧舜并不难，关键是看为政者自己愿不愿意按照圣人的标准去做。孟子对人的主观能动性的强调，非常有积极意义。如果说，在当时那个时代，或者说在整个传统中国，由于私有制的存在，人们为了生存还做不到以尧舜为标准，但在当今中国，随着经济基础的不断改善，人们精神境界的不断提高就越来越成为可能。

第三，孟子讲"人皆可为尧舜"，并不是说人人都去做圣人，人人都能成为圣人。事实上，他讲的是为政者在治国理政中要效仿圣人以仁道侍奉国君、治理民众，说的是人人都可以学习圣人、伟人、英雄人物以仁义为做人根本并不断实践的精神品质。对我们当代人来讲，学习圣人不是目的，而是成长的途径或方法。列宁讲，认识那些在大变革时代形成思想和意志的人的面貌，就能提高我们自己。因此，向圣人、伟人、英雄人物学习，不是一定能成为圣人、伟人、英雄人物，也不一定能做得和他们一样好，但在学习的过程中能获得一种向上提升自己的力量。这如同向上攀登不一定能够攀到峰顶，但是至少可以阻止向下堕落。"心诚求之，虽不中不远矣。"②一个人内心真有对仁爱的追求，即使做不到，也不会相差太远。孔子讲"君子有三畏：畏天命，畏大人，畏圣人之言。小人不知天命而不畏也，狎大人，侮圣人之言。"③圣人就是圣人，因为他们对世界的认识深刻、他们的言语流传了几千年仍然管用；伟人就是伟人，因为他能准确认识形势并抓住机会带领

---

① 《孟子·告子下》，《孟子译注》（杨伯峻译注），中华书局，2008年版，第214页。

② 《大学》，《大学·中庸》（王国轩译注），中华书局，2016年版，第31页。

③ 《论语·季氏》，《论语译注》（杨伯峻译注），中华书局，2006年版，第199页。

普通人走出困境；英雄就是英雄，虽然他不完美，但能在关键时刻顺应时代和人民的要求做出一般人做不了的事情。这就是他们的伟大之处！学习他们不一定能成为他们，但能让我们不断进步。而否定他们，不但不能让我们成为他们，反而让我们失去向上的力量，无所适从。圣人、伟人、英雄人物的人格就如同一面明镜，能够照出一个社会的道德风貌，能够照出一个人的人格。面对这面镜子，如果我们觉得镜子里的人长得美，其实不是他长得美，而是我们本身长得美；如果我们觉得镜子里的人长得丑，其实不是他长得丑，而是我们本身长得丑。普通人对待圣人、伟人、英雄人物的态度在很大程度上决定了一个社会人们道德水平的高低。

一个人心里装着什么，看别人也就是什么。正如心里美的人看别人也是美的，一个豁达包容的人总是看到别人的优点，而小肚鸡肠的人往往只盯着别人的缺点。据说，苏东坡和佛印禅师经常在一起打坐闲聊。一天，两人又在一起打坐。佛印对苏轼说："看你的坐姿，酷似一尊佛。"苏轼听后很是满意，可是却对佛印说："可是我看你的坐姿，活像一摊牛粪。"佛印微微一笑。苏轼回家就在苏小妹面前炫耀这件事。想不到苏小妹却冷笑着说，佛印说看你似尊佛，说明他心中有佛，而你说佛印像牛粪，想想你心里有什么吧！故事归故事，但道理很深刻，值得我们反思。

18. 恶死亡而乐不仁，是犹恶醉而强酒

【原文】

孟子曰："三代之得天下也以仁，其失天下也以不仁。国之所以废兴存亡者亦然。天子不仁，不保四海；诸侯不仁，不保社稷；卿大夫不仁，不保宗庙；士庶人不仁，不保四体。今恶死亡而乐不仁，是犹恶醉而强酒。"[1]

【大意】

孟子说："夏、商、周三代能够得到天下是由于仁，他们失去天下是由于不仁。国家的兴盛和衰败、生存和灭亡也是这个道理。天子如果不仁，

---

① 《孟子·离娄上》，《孟子译注》（杨伯峻译注），中华书局，2008年版，第124页。

第五章 修身养性

就不能保住他的天下；诸侯不仁，就不能保住他的国家；公卿大夫等官员不仁，就不能保住他的宗庙；读书人和普通百姓如果不仁，就不能保全自身。现在有些人害怕死亡却乐于不仁，这就好比害怕醉酒却偏要喝酒一样。"

【随笔】

治国行为和日常行为一样，总有很多这样的悖逆现象。孟子举了好几个例子："今恶死亡而乐不仁，是犹恶醉而强酒"，害怕死亡却乐于不仁，就像害怕醉酒却偏要喝酒；"今也欲无敌于天下而不以仁，是犹执热而不以濯也"①，想要无敌于天下却又不行仁政，就像热得受不了却又不肯洗澡；"今恶辱而居不仁，是犹恶湿而居下也"②，厌恶屈辱却仍然居于不仁之地，就像厌恶潮湿却又居于低洼之地一样。

人们为什么会这样呢？理由或许很多，但归根结底就是放不下自己的利益。为什么怕喝醉还要去喝酒？因为对喜欢喝酒的人来说，喝酒喝着喝着就很开心。为什么厌恶苛政却又不行仁政？因为权力总是和利益画等号，能让人变得贪婪而不肯放弃，如果权力和责任画等号，那居上位而行仁者或许就会越来越多。所以就有"把权力关进制度的笼子"的说法。

人们既然害怕死亡，那就要心怀仁德，因为仁德能"保天下、保国家、保宗庙、保四体"；想要天下无敌，那就要行仁政，因为孟子说过"国君好仁，天下无敌焉"③，如果国君爱好仁，天下就不会有敌手；既然厌恶屈辱，那就要尊贤使能行仁政，因为"仁则荣，不仁则辱"④，实行仁政就会有荣耀，行不仁之政就会遭受屈辱。

对我们普通老百姓而言，要想有更加安逸和舒适的明天，就需要节制今天的安逸和舒适；要想明天过得更好，就不要满足于今天暂时的好；想要明天不受罪，今天晚上的酒能少喝就少喝，能不喝就不喝。

---

① 《孟子·离娄上》，《孟子译注》（杨伯峻译注），中华书局，2008年版，第126页。

② 《孟子·公孙丑上》，《孟子译注》（杨伯峻译注），中华书局，2008年版，第55页。

③ 《孟子·尽心下》，《孟子译注》（杨伯峻译注），中华书局，2008年版，第255页。

④ 《孟子·公孙丑上》，《孟子译注》（杨伯峻译注），中华书局，2008年版，第55页。

19. 自暴者，不可与有言也；自弃者，不可与有为也

【原文】

孟子曰："自暴者，不可与有言也；自弃者，不可与有为也。言非礼义，谓之自暴也；吾身不能居仁由义，谓之自弃也。仁，人之安宅也；义，人之正路也。旷安宅而弗居，舍正路而不由，哀哉！"①

【大意】

孟子说："自己残害自己的人，不能和他谈出有价值的言语；自己抛弃自己的人，不能和他做出有价值的事业。言谈破坏礼义，就叫作自己残害自己；自身不能依据仁、遵循义来行事，就叫作自己抛弃自己。仁是人们最安适的住宅，义是人们最正当的道路。空着最安适的住宅不去住，舍弃最正当的道路不去走，真是可悲啊！"

【随笔】

"自暴"就是说话不遵守礼义，自己残害自己。"自弃"就是自身行为不符合仁义，自己抛弃自己。"自暴自弃"就是指自己不愿意居仁心、行正义，而且还出言破坏仁、礼、义。孟子认为，仁义是人性天生所具有的，只要用心培养，人皆可为尧舜，但如果不按照这些准则行事，就是自暴自弃。这样的人，说不出有价值的话，也做不出有价值的事业。成语"自暴自弃"由此而来，意指一个人甘心落后，不求上进。

孟子认为，仁是人们最安适的住宅，义是人们最正当的道路。人空着最安适的住宅不去住，舍弃最正当的道路不去走，可悲得很！所以应该坚守仁义，不要做自暴自弃的人。孟子认为："大丈夫居天下之广居，立天下之正位，行天下之大道；得志，与民由之；不得志，独行其道。"②男子汉大丈夫，就应该居仁、守礼、行义。得志的时候，和老百姓一起循着仁义之道前进；不得志的时候，也独自坚持自己的仁义之道。

---

① 《孟子·离娄上》，《孟子译注》（杨伯峻译注），中华书局，2008年版，第129页。
② 《孟子·滕文公下》，《孟子译注》（杨伯峻译注），中华书局，2008年版，第105页。

第五章 修身养性

。

20. 非礼之礼，非义之义，大人弗为

【原文】

孟子曰："非礼之礼，非义之义，大人弗为。"①

【大意】

孟子说："似是而非的礼，似是而非的义，有德行的人是不去做的。"

【随笔】

礼义有假冒的，比如，"小圈子"里面的礼义能是正礼和大义吗？帮派里的"义气"是礼义？

礼就是规范，义就是合理；真正的礼是大多数人都认可的规范，真正的义就是符合大多数人利益的准则；也就是说，是否礼，是否义，不取决于单个人的判断，而取决于是否符合社会规范和准则。那些不符合社会规范和准则的所谓的礼、义，有道德的人是不会去做的。

所以，我们尊崇礼、义，一定不能只求自己的心理平衡，而要以社会规范来衡量。比如，帮助了别人，别人感激、感谢你时，你面对"感激、感谢"就要慎重，这时的礼、义有可能就藏着非礼之礼，非义之义。

21. 不失赤子之心

【原文】

孟子曰："大人者，不失其赤子之心者也。"②

【大意】

孟子说："有德行的人，就是能不丧失那种婴儿般的天真纯朴之心的人。"

【随笔】

为什么要修养德行？孟子认为就是为了保护先天的本性不受后天污

---

① 《孟子·离娄下》，《孟子译注》（杨伯峻译注），中华书局，2008年版，第143页。
② 《孟子·离娄下》，《孟子译注》（杨伯峻译注），中华书局，2008年版，第145页。

染。现实生活中，我们不难发现，大智如愚、大巧若拙。真正有修养、本事的人反而平易近人，没那么多花花肠子。所以，做人还是不要世故得好。

生活中我们会发现，往往越是高尚的人物，越是能保持其婴儿时期的纯洁与诚恳。生命的特点之一是对生命本身的眷恋，因而导致人们怀旧、美化童年的单纯诚挚。也确实，越是伟大的人越有单纯的一面。

22. 君子有终身之忧，无一朝之患也

【原文】

是故君子有终身之忧，无一朝之患也。乃若所忧则有之：舜，人也；我，亦人也。舜为法于天下，可传于后世，我由未免为乡人也，是则可忧也。忧之如何？如舜而已矣。若夫君子所患则亡矣。非仁无为也，非礼无行也。如有一朝之患，则君子不患矣。①

【大意】

孟子说，君子有长期的忧虑，但却没有一时的担心。这样的忧虑是有的：舜是人，我也是人。舜为天下作了榜样，名传后代，而我还是个普通人。这才值得忧虑。一个人有这些忧虑又该怎么办呢？尽力向舜学习罢了。这样君子所担心的事就没有了。不合乎仁的事不做，不合乎礼节的事不做。即使有一时的意外之祸，君子也不担心了。

【随笔】

孟子认为，君子行得正、站得直，所以没有什么可患得患失的，唯一值得担忧的，是自己还没有达到圣贤那样的道德水准，于是要不断地向圣贤学习。这个境界太高了，我等汗颜。当然，还是得向圣贤学习，这样才能进步，否则，没有标准，自己怎么进步？而且，在大家都不断进步的今天，不进步就意味着退步。

---

① 《孟子·离娄下》，《孟子译注》（杨伯峻译注），中华书局，2008年版，第152页。

23. 仁义忠信，乐善不倦

【原文】

孟子曰："有天爵者，有人爵者。仁义忠信，乐善不倦，此天爵也；公卿大夫，此人爵也。古之人修其天爵，而人爵从之。今之人修其天爵，以要人爵；既得人爵，而弃其天爵，则惑之甚者也，终亦必亡而已矣。"①

【大意】

孟子说："有天爵，也有人爵。仁、义、忠、信，乐于行善而不感到厌倦，这是天爵；公、卿、大夫等官职，这是人爵。古代的人修养天爵，人爵也就随之而来。如今的人修养天爵来谋求人爵。一旦取得了人爵，就抛弃了天爵，真是糊涂透顶了，最终连天爵也会丧失的。"

【随笔】

人爵就是别人给的爵禄，修人爵就是谋求升官发财；天爵就是自身的思想道德素质，修天爵就是提高自身的思想道德修养，即修身。

《大学》里讲，"自天子以至于庶人，壹是皆以修身为本"。②修身是为了什么？孟子说，他那个时代的人修，很多时候都为了考取功名，一旦这个目的实现了之后，就有很多人放弃了修身。但孟子认为，君子的修养是保持善心的内在要求，因而不应以功利为目的。"尧舜，性者也；汤武，反之也。动容周旋中礼者，盛德之至也；哭死而哀，非为生者也；经德不回，非以干禄也；言语必信，非以正行也。君子行法，以俟命而已矣。"③尧和舜的仁德是出于本性，商汤和武王通过修身返回了本性。仪容仪态无不合于礼的人，是美德中极高的了。对死者悲哭，不是做给活着的人看的；恪守德行，而不违背，不是为了谋取爵禄。言语一定信实，不是为了让别人知道我的行为端正。君子依法度行事，结果如何？只有等待命运罢了。

我们当代人必须明白，正己修身不是为了自己的飞黄腾达，而是为了社

---

① 《孟子·告子上》，《孟子译注》（杨伯峻译注），中华书局，2008年版，第209页。

② 《大学》，《大学·中庸》（王国轩译注），中华书局，2016年版，第8页。

③ 《孟子·尽心下》，《孟子译注》（杨伯峻译注），中华书局，2008年版，第267页。

会发展的需要和个人发展需要的统一，这是为人的大事。以读书为例，古时候读书是为了能改变命运，如今读书则是一种生活方式，是生活的一部分、应有的常态，不读书就不能适应这个知识爆炸的时代。当然，一个人要当"官"，更要修身，做到"仁义忠信，乐善不倦"，但修身的目的不是为了当"官"。如果为了当"官"而修身，就属动机不正，如果当了"官"就放弃了修身，更是糊涂之极，最后会连"官"位都保不住。从另一个角度讲，一个人不管出发点是什么，目的又是为了什么，如果能坚持行善，也未尝不可。就像有网友所说，一个人能一辈子"装"成一个好人，那他就是一个好人！

现代领导科学中有一个领导力理论。该理论认为，领导工作的实质就是领导者通过自己的影响力影响一个群体，使其尽其所能地实现目标。所谓领导力即影响力，就是影响他人的能力，即一个人在与他人的交往中，影响和改变他人心理和行为的能力。领导者的业绩大小取决于他的影响力大小。依据构成领导者影响力要素的不同，我们可以把影响力分为权力性影响力和非权力性影响力两种。

权力性影响力指的是领导者依靠他所拥有的职位权力来影响他人的能力。职位权力是组织赋予某个职位完成岗位职责所必需的权力，如决策权、人事权、指挥权、奖惩权等。不难看出，权力性影响力不是领导者的现实行为带来的，而是外界赋予的。它来自并属于领导者所拥有的职务，不管谁在这个职位上都具有这些权力，一旦离开这个职位，这些影响力就会消失。所以，它对人的心理和行为的影响作用是有限的。

非权力性影响力与权力性影响力相对应，它既没有正式的规定，也不来自组织的授予，而是领导者依靠自身的品质和以身作则的行为来影响他人的能力，如高尚的品德、过硬的本领、广博的知识、坚定的意志、友善的人际关系等。也就是说，非权力性影响力来自并属于具有这个影响力的人自身，是领导者自身的品质与行为造成的。这种影响力是巨大的、持久的，而且不管他在哪里都能发挥出来，别人夺不走。

因此，领导者不仅要正确、有效地运用权力性影响力，而且要努力提高自身素质，提高自己的非权力性影响力，通过提高非权力性影响力来强化权

第五章 修身养性

力性影响力。

稍加比较，我们就能发现，领导力理论中两种影响力及其关系不就是孟子的"人爵""天爵"及其关系吗？——权力性影响力即是"人爵"，非权力性影响力即是"天爵"，通过提高非权力性影响力来提升权力性影响力就是"修天爵，而人爵从之"的现代版。这样一比较，是不是老祖宗的精华真的不能丢？当然，不能丢不等于要复古，而是说我们要用现代化的语言加以转化和发展，以适应时代的需要。

24. 仁之胜不仁也，犹水胜火

【原文】

孟子曰："仁之胜不仁也，犹水胜火。今之为仁者，犹以一杯水救一车薪之火也；不熄，则谓之水不胜火，此又与于不仁之甚者也。亦终必亡而已矣。"①

【大意】

孟子说："仁胜过不仁就像水可以灭火一样。如今行仁的人，好比用一杯水去救一车柴的火，火扑不灭，就说是水不能灭火，这些仁就和那些不仁的人一样了，最终连他们自己的这点仁都会失去的。"

【随笔】

邪必不压正，但有时会有力量对比的强弱，不能因为这一特殊情况而怀疑正义的力量，长他人志气，灭自己威风。同理，孟子认为，仁必定能战胜不仁，但仁也有程度之分，在某个时候，因仁的力量不足会出现暂时不能战胜不仁的情况，不能就此否定仁，否则，就会助长不仁，反而会失去自己的仁。

生活中也是一样，不能因暂时的困难而怀疑自己、怀疑人生、怀疑真理，要审时度势，坚持不懈的同时不断调整自己，直至目标实现。

---

① 《孟子·告子上》，《孟子译注》（杨伯峻译注），中华书局，2008年版，第210页。

25. 人不可以无耻。不耻不若人，何若人有

【原文】

孟子曰："人不可以无耻，无耻之耻，无耻矣。"

孟子曰："耻之于人大矣。为机变之巧者，无所用耻焉。不耻不若人，何若人有？" ①

【大意】

孟子说："人不可以没有羞耻之心，没有羞耻之心的那种羞耻，真是不知羞耻呀。"

孟子说："羞耻之心对人至关重要，玩弄机谋巧诈的人感觉不到羞耻。不以赶不上别人为羞耻，怎么能赶上别人呢？"

【随笔】

羞耻之心，人皆有之。如果连羞耻之心都没有了，这才是真的羞耻。孟子提出，一个人必须不断提升自己的内在修养，常保羞耻之心，改过从善，方能让自己不受耻辱。

羞耻之心属于义，义就是合适、得当，所以是否有羞耻之心是检测一个人道德水准高下的尺度。一个人有了羞耻之心，就知道什么是该做的，什么是不该做的，明白自己的不足之处。

知耻近乎勇，一个人以自己不如别人为耻，就能奋发图强、迎头赶上。

26. 身不行道，不行于妻子；使人不以道，不能行于妻子

【原文】

孟子曰："身不行道，不行于妻子；使人不以道，不能行于妻子。" ②

【大意】

孟子说："自身不依道而行，道在妻子儿女身上都行不通，更不要说对

---

① 《孟子·尽心上》，《孟子译注》（杨伯峻译注），中华书局，2008年版，第235页。

② 《孟子·尽心下》，《孟子译注》（杨伯峻译注），中华书局，2008年版，第257页。

别人了。使唤别人不合于道，要去使唤妻子儿女都不可能，更不要说去使唤别人了。"

【随笔】

一个人无论是在单位还是在家里，都要以身作则，守正道，否则，连自己的家庭都管不好，更别说去要求别人。

《论语》里面有个"过庭之训"的故事。孔子的学生陈亢以为孔子会对自己的儿子传授与众不同的知识，于是就问孔子的儿子伯鱼，是不是从孔子那里得到了与众不同的知识。结果伯鱼告诉他，父亲教育他的只有"不学诗，无以言""不学礼，无以立"这两件事。陈亢这才明白，孔子对儿子的要求和对学生的要求是一样的。

我既是教师，也是父亲，从中领悟：教会孩子或学生做人做事的道理比单纯传授知识更重要，而要教给孩子或学生做人做事的道理，自己就应该懂得做人做事的道理；我的一言一行、家里或学校里的每一件事情都会对孩子或学生产生这样与那样的影响；我希望自己的孩子在学校遇到什么样的老师，那我自己就应该做那样的老师；我对学生的要求，就是对自己孩子的要求。所以，作为家长、教师，我要做的就是：学诗，以言——和孩子一起"知书"；学礼，以立——和孩子一起"达礼"。

27. 小有才，未闻君子之大道也，则足以杀其躯而已矣

【原文】

盆成括仕于齐，孟子曰："死矣盆成括！"

盆成括见杀，门人问曰："夫子何以知其将见杀？"

曰："其为人也小有才，未闻君子之大道也，则足以杀其躯而已矣。"①

【大意】

盆成括到齐国做官，孟子说："盆成括死定了。"

———————————

① 《孟子·尽心下》，《孟子译注》（杨伯峻译注），中华书局，2008年版，第265页。

后来盆成括果然被杀，学生们就问："老师怎么知道他会被杀呢？"

孟子说："他这个人有点小聪明，但是不懂君子的大道，那只能招来杀身之祸。"

【随笔】

大道才是人们的立身之本，耍小聪明只会招来杀身之祸。所以人要自知。

人因为小聪明，对细微之处看得清楚，算得精细，往往察人之隐，超人之先。但因为不懂大道，所以眼界不宽，心胸狭窄，甚至会锋芒毕露。由于喜欢自作聪明，所以常常招人嫉恨，惹火烧身自己还不知道。所以说，一个人如果只是有点小才能还爱显摆，那这点小才能就会害死他自己，《三国演义》中的杨修不就是这样的人吗！

所以，为人宁可大智若愚，不可小才若智。一个人的小聪明、小才能，如果有所显露，就会给人造成某种能人的印象，被委以重任，从而耍弄小才，耽误大事，还会引起注意，招惹是非，遭人嫉恨，涉嫌野心……足以害人害己。

"君子之大道"就是"仁义行之""谦顺处之"，就是要有涵养，小事容得下、放得开，得饶人处且饶人，不必一个钉子一个眼，有时候甚至要睁只眼闭只眼，"糊涂"一点才好。

28. 言近指远，守约施博

【原文】

孟子曰："言近而指远者，善言也；守约而施博者，善道也。君子之言也，不下带而道存焉；君子之守，修其身而天下平。人病舍其田而芸人之田——所求于人者重，而所以自任者轻。"[①]

【大意】

孟子说："言语浅近，意义却深远的，是善言；操持简单，影响却广大的，是善道。君子的言语，讲的虽然是常见的事情，可是道就在其中；君子

① 《孟子·尽心下》，《孟子译注》（杨伯峻译注），中华书局，2008年版，第267页。

第五章 修身养性

的操守，从自身修养开始，然后去影响别人，从而使天下太平。有些人的毛病就在于放弃自己的田，而去替别人除草——要求别人的很重，自己负担的却很轻。"

【随笔】

孟子以"芸田"作喻，说明每个人首先要从自身做起，对自己要求应严格。只有修养自身，才能影响别人，而且影响会更深远、长久。

子曰："以约失之者鲜矣。"[1]因为严于律己而犯错误的人是很少见的。

子曰："躬自厚而薄责于人，则远怨矣。"[2]"君子求诸己，小人求诸人。"[3]严于律己、宽以待人，就能远离别人的怨恨。严于律己是君子，苛以待人是小人。

29. 有不虞之誉，有求全之毁

【原文】

孟子曰："有不虞之誉，有求全之毁。"[4]

【大意】

孟子说："有料想不到的赞誉，也有过于苛求的诋毁。"

【随笔】

称赞与指责未必都合乎实际，所以追求自身修养的人不能因此而飘飘然或灰心丧气。同理，我们考察他人时，也不能轻易根据舆论来下结论。那面对这种情况怎么办呢？

《孟子·尽心下》记载了一段貉稽与孟子的对话。貉稽对孟子说："我被人家说得很坏。"孟子说："这没关系。读书人都憎恶这种七嘴八舌。《诗经·邶风·柏舟》上说：'愁思重重压在心，小人当我眼中钉'。孔子

---

[1] 《论语·里仁》，《论语译注》（杨伯峻译注），中华书局，2006年版，第44页。

[2] 《论语·卫灵公》，《论语译注》（杨伯峻译注），中华书局，2006年版，第186页。

[3] 《论语·卫灵公》，《论语译注》（杨伯峻译注），中华书局，2006年版，第187页。

[4] 《孟子·离娄上》，《孟子译注》（杨伯峻译注），中华书局，2008年版，第136页。

就是这样的人。《诗经·大雅·绵》上又说：'狄人怨恨虽未消，文王声誉并无伤。'这说的是周文王。"可见，孟子的建议是只要自问言行无愧于心，就不必去理会他人的多嘴多舌。

当然，对于赞誉和诋毁能够完全无动于衷的人毕竟是很少的。一般人总是听到别人的赞誉就高兴，听到别人的诋毁就生气，这说明还需要加强自身修养。再想一想，如果我们面对批评、责备、诽谤就火冒三丈，那就只能听到违心的奉承话了。不久的将来，我们的前程也就会被这些甜言蜜语所葬送。

子曰："巽与之言，能无说乎？绎之为贵。"①孔子说："恭顺赞许的话，谁能听了不高兴呢？但只有认真推究它的真伪是非，才是可贵的。"

子张问明。子曰："浸润之谮，肤受之愬，不行焉，可谓明也已矣。浸润之谮，肤受之愬，不行焉，可谓远也已矣。"②子张问怎样才算明智。孔子告诉他，日积月累的谗言和切肤之痛的诽谤都在你这里行不通，那你可以说是明智的了；日积月累的谗言和切肤之痛的诽谤都在你这里行不通，那你可以说是看得远的了。

30. 养心莫善于寡欲

【原文】

孟子曰："养心莫善于寡欲。其为人也寡欲，虽有不存焉者，寡矣；其为人也多欲，虽有存焉者，寡矣。"③

【大意】

孟子说："修养心性的方法莫过于减少欲望。欲望少，那善性纵使有所丧失，丧失的也不会多；欲望多，纵使善性有所保留，留下的也是极少的。"

【随笔】

我们减少了欲望，就削弱了外界对我们的影响。

---

① 《论语·子罕》，《论语译注》（杨伯峻译注），中华书局，2006年版，第107页。
② 《论语·颜渊》，《论语译注》（杨伯峻译注），中华书局，2006年版，第141页。
③ 《孟子·尽心下》，《孟子译注》（杨伯峻译注），中华书局，2008年版，第268页。

子曰："吾未见刚者。"或对曰："申枨。"子曰："枨也欲，焉得刚？"①孔子说自己没见过刚毅不屈的人。有人告诉他申枨是这样的人。孔子就说，申枨这个人也是有欲望的，哪里能够刚毅不屈？

饮食男女或许做不到无欲，但也不可纵欲，而要以一定的道德原则节制自己的欲望，这是千古不变的修身之道！

31. 尚志明仁义

【原文】

王子垫问曰："士何事？"

孟子曰："尚志。"

曰："何谓尚志？"

曰："仁义而已矣。杀一无罪非仁也，非其有而取之非义也。居恶在？仁是也；路恶在？义是也。居仁由义，大人之事备矣。"②

【大意】

王子垫问："读书人做什么事呢？"

孟子说："要使自己的志向高尚。"

王子垫又问："怎样才算使自己的志行高尚？"

孟子说："不过是坚持仁义罢了。杀一个无罪的人，是不仁；不是自己所有，却去取了过来，是不义。居在哪？就在于仁；路在哪？就在于义。居于仁而行由义，君子的事务就齐全了。"

【随笔】

志向有大有小，有高有低。孟子提出尚志，要求一个重视自己道德品德修养的人在立志时，必须立大志，立高志。大志、高志就是要坚持仁和义。

子曰："志于道，据于德，依于仁，游于艺。"③意思就是立志要高远，行为有德性，内心有仁爱，生活有格调。

---

① 《论语·公冶长》，《论语译注》（杨伯峻译注），中华书局，2006年版，第51页。
② 《孟子·尽心上》，《孟子译注》（杨伯峻译注），中华书局，2008年版，第246—247页。
③ 《论语·述而》，《论语译注》（杨伯峻译注），中华书局，2006年版，第76页。

第六章　浩然正气

儒家积极入世，孟子亦不例外。孟子是一个具有高度社会责任感的人。他认为一个人是不可能绝对脱离社会的，既然如此，那就必须承担对国家和社会的责任，从而提出了他对崇高人格理想的追求，彰显了他对人的主观能动性的信心和发扬——自尊、自爱、自立、自强。孟子的"浩然正气"流传千年。

1. 浩然之气

【原文】

"敢问夫子恶乎长？"

曰："我知言，我养我浩然之气。"

"敢问何谓浩然之气？"

曰："难言也。其为气也，至大至刚，以直养而无害，则塞于天地之间。其为气也，配义与道；无是，馁也。是集义所生者，非义袭而取之也。行有不慊于心，则馁矣。"①

【大意】

公孙丑问孟子："老师您擅长什么呢？"

① 《孟子·公孙丑上》，《孟子译注》（杨伯峻译注），中华书局，2008年版，第46—47页。

孟子说："我能分析别人的言辞，善于培养自己的浩然之气。"

公孙丑接着问："请问什么叫作浩然之气？"

孟子说："这很难说明白。这种气，最伟大、刚强，我们用正义去培养而不伤害它，它就会充满于天地之间，无所不在。这种气必须与道义相配合，如果它没有道义，就没有力量了。它是正义在内心不断积累所产生的，而非偶然的正义行为所得到的。如果一个人做了有愧于心的事，这种气就会疲软了。"

【随笔】

"浩然"就是伟大、刚劲；"气"就是正气、骨气、气节，精神。"浩然之气"就是伟大刚劲的正气、骨气，是最伟大、刚强、正义的精神。有的人可能在一两件事情上能表现出"正气"，但只要有与道义不配的行为，这种正气的力量就会消退，就显得没有力量。只要有一件事使自己心里感到有愧时，它就变得疲软。所以，浩然之气不是偶然的、一时一日一件事能形成的，而是人对正义行为的执着追求和坚持不懈的道德实践后形成的。"浩然之气"一旦形成，就会充满于天地之间，无比伟大和刚劲。

在国家、民族处于危难关头时，浩然之气主要表现为仁人志士刚正不阿、宁死不屈的气节。那在天下太平、政治清明时，浩然之气表现为什么呢？我认为，其表现为领导干部不为糖衣炮弹、金钱名利所动摇，表现为普通老百姓能坚持行善积德，表现为一个平凡的人能在平凡的岗位上兢兢业业地干出不平凡的业绩来。

2. 富贵不能淫，贫贱不能移，威武不能屈

【原文】

景春曰："公孙衍、张仪岂不诚大丈夫哉？一怒而诸侯惧，安居而天下熄。"

孟子曰："是焉得为大丈夫乎？子未学礼乎？丈夫之冠也，父命之；女子之嫁也，母命之，往送之门，戒之曰：'往之女家，必敬必戒，无违夫子！'以顺为正者，妾妇之道也。居天下之广居，立天下之正位，行天下之大道；得志，与民由之；不得志，独行其道。富贵不能淫，贫贱不能移，威

武不能屈。此之谓大丈夫。"①

【大意】

景春对孟子说："公孙衍、张仪这样的纵横家难道不是真正的大丈夫吗？他们一发怒，诸侯都害怕；他们安定不动，天下就太平了。"

孟子听后说："这怎么能算大丈夫呢？你没有学过礼吗？男子行加冠之礼时，父亲训导他；女子出嫁时，母亲训导她，亲自送到门口，告诫她，'到了你的夫家之后，一定要恭敬，一定要谨慎，不要违抗丈夫'。以顺从为准则，这是为人之妻的道理。至于男子，就应该住在天下最宽广的住宅里，站在天下最正确的位置上，走天下最光明的大路。能实现志向的时候，就和老百姓一起循着大道前进；不能实现志向的时候，也独自坚持自己的原则。富贵时不乱心，贫贱时不改变志向，面对威武之势不屈节，这才叫男子汉大丈夫！"

【随笔】

孟子认为，真正的男子汉大丈夫，就要坚守仁——居广居、礼——立正位、义——行大道，怀仁爱之心，以礼而行，以义为上，不被高官厚禄所诱惑，不因家贫位贱而改变志向，面对威武也不丧失自己的节操。而公孙衍、张仪这样的人，因家贫位贱而改变志向，抛弃了仁；被高官厚禄所诱惑，放弃了义；被威武胁迫而丧失了自己的节操，失去了礼，卑躬屈膝，曲附君王，摇唇鼓舌，没有尊严，配不上大丈夫之称。

孟子说："说大人，则藐之，勿视其巍巍然。堂高数仞，榱题数尺，我得志，弗为也。食前方丈，侍妾数百人，我得志，弗为也。般乐饮酒，驱骋田猎，后车千乘，我得志，弗为也。在彼者，皆我所不为也；在我者，皆古之制也，吾何畏彼哉？"②这句话是说："向达官贵族进言就要藐视他们，不要把他们高高在上的模样放在眼里。他们的殿堂基高好多丈，屋檐宽几尺，我如果得志，是不会这样做的。他们菜肴满桌，姬妾成群，我如果得

---

① 《孟子·滕文公下》，《孟子译注》（杨伯峻译注），中华书局，2008年版，第105页。

② 《孟子·尽心下》，《孟子译注》（杨伯峻译注），中华书局，2008年版，第268页。

志，是不会这样做的。他们饮酒作乐，奔驰射猎，随从的车子上千辆，我如果得志，是不会这样做的。他们所做的，都是我所不屑做的；我所做的，都符合古代制度，我为什么要怕他们呢？"孟子这种不畏权势、得志不奢的决心正是"威武不能屈""富贵不能淫"的具体化表现。

现实生活中，人们对某些官员只顾自己享乐、不顾百姓生活的奢侈腐败行为总是鄙视，可是当自己当官时间长了，渐渐地也会出现那些自己原本鄙视的行为，甚至变本加厉。所以我们要搞好自身修养，严于律己，保持谦虚谨慎、艰苦奋斗的作风。

3. 天下溺，援之以道

【原文】

淳于髡曰："男女授受不亲，礼与？"

孟子曰："礼也。"

曰："嫂溺，则援之以手乎？"

曰："嫂溺不援，是豺狼也。男女授受不亲，礼也；嫂溺，援之以手者，权也。"

曰："今天下溺矣，夫子之不援，何也？"

曰："天下溺，援之以道；嫂溺，援之以手——子欲手援天下乎？"[1]

【大意】

淳于髡问孟子："男女之间，不亲手接递东西，这是礼制吗？"

孟子回答："是礼制。"

淳于髡说："那如果嫂嫂掉到水里，用手去拉她吗？"

孟子说："嫂嫂掉入水中不伸手去救，简直就是豺狼。所谓男女授受不亲，是正常的礼制；嫂嫂掉入水中，伸手去救，是一种变通的办法。"

淳于髡又说："如今天下百姓都掉到水中，先生却不伸手去救，这是为什么呢？"

---

[1] 《孟子·离娄上》，《孟子译注》（杨伯峻译注），中华书局，2008年版，第134页。

孟子说："天下百姓都掉到水中，要用'道'去救；嫂嫂掉入水中，伸手去救——你想让我用手去救援天下百姓吗？"

【随笔】

淳于髡是齐国有名的辩士，它用男女授受不亲的礼制和嫂嫂掉入水中该不该伸手去救这个伦理难题向孟子发问。他应该知道孟子会说尽管男女授受不亲是礼制，但嫂嫂掉到水里用手去救是变通。他只是想借此讽喻孟子：当今天下有急难，你应该讲变通而不要死抱原则。孟子不同意他的观点，所以明确地告诉他，救人用手，可以不受男女授受不亲的限制，但要解救天下，必须"援之以道"——只有行仁政，否则，无路可走。孟子实际上是在告诉淳于髡，想让他支持诸侯们依靠权力和武力来统治天下人民，只能是痴心妄想。

在一些不涉及原则的问题上，变通是必要的，但涉及仁、义这些做人根本的原则，则要坚持己见，不能屈辱自己迁就他人。正如孟子所讲"居天下之广居，立天下之正位，行天下之大道。得志，与民由之；不得志独行其道。富贵不能淫，贫贱不能移，威武不能屈。此之谓大丈夫"。

4. 穷则独善其身，达则兼善天下

【原文】

孟子谓宋勾践曰："子好游乎？吾语子游。人知之，亦嚣嚣；人不知，亦嚣嚣。"

曰："何如斯可以嚣嚣矣？"

曰："尊德乐义，则可以嚣嚣矣。故士穷不失义，达不离道。穷不失义，故士得己焉；达不离道，故民不失望焉。古之人，得志，泽加于民；不得志，修身见于世。穷则独善其身，达则兼善天下。"①

【大意】

孟子对宋勾践说："你喜欢游说吗？我给你说说游说之道吧。那就是别

① 《孟子·尽心上》，《孟子译注》（杨伯峻译注），中华书局，2008年版，第236页。

人理解我，我也自得其乐，别人不理解我，我也自得其乐。"

宋勾践问："怎么样才能自得其乐呢？"

孟子回答："尊崇德、乐于义，就能自得其乐了。所以读书人穷困时不要失掉义，得意时不离开道。穷困时不失掉义，所以能自得其乐；显达时不离开道，所以百姓不会对他失望。古时候的人，得志，就会惠泽万民；不得志，就修养个人品德，以此表现于世。君子穷困便独善其身，显达便兼善天下。"

【随笔】

包括孟子在内，当时通过游说各国推行自己的主张的人很多。但孟子认为，游说也要遵循一定的道德准则——推行仁义之道而不是为了富贵显达。自己的主张得到君主采用了就要以天下为己任，自己的主张没有被采纳不能被推广就要加强自身的道德修养。

孟子提倡的这种为了天下而正己修身的胸怀值得我们后人学习。

"穷不失义，达不离道"：一个人穷不可怕，但要有骨气，不能去干苟且偷生之事——穷的状况，在别人的帮助下或许能改变，但没有骨气别人再怎么帮也起不了多大作用，慢慢地也就得不到别人的帮助了；一个人富贵了不要骄奢，毕竟自己的富贵离不开社会提供的舞台，所以先富要带后富，尽量为社会多做点贡献。

"穷则独善其身，达则兼善天下"：不得意（比如经济上的穷困、工作中的不得志）时要独善其身，反思如何改进；得意时（比如有钱了、发达了、得志了）要能够兼善天下，为社会、单位、他人多做点贡献，我好，你好，大家都好，才是真的好。

第七章　孝治天下

儒家强调孝悌为做人之根本。孟子继承并发扬了孔子"以孝治天下"的思想，它成为其仁政理想的重要内容之一。

1. 老吾老，以及人之老；幼吾幼，以及人之幼

【原文】

老吾老，以及人之老；幼吾幼，以及人之幼。天下可运于掌。《诗》云："刑于寡妻，至于兄弟，以御于家邦。"言举斯心加诸彼而已。故推恩足以保四海，不推恩无以保妻子。古之人所以大过人者，无他焉，善推其所为而已矣。[①]

【大意】

孟子说，尊敬自己家的长辈，并由此推广到尊敬别人家的长辈；爱护自己家的孩子，并由此推广到爱护别人家的孩子。做到了这一点，治理天下便会像在自己的手掌心里运转小玩意儿一样容易。《诗经·大雅·思齐》有云："文王以礼待妻子，对待兄弟也如此，齐家治国理相通。"说的就是要把自己的仁爱之心推广到别人身上去。所以，推广恩德足以安定天下，不推广恩德连自己的妻子儿女都保不了。古代的圣贤之所以能远远超过一般人，

[①] 《孟子·梁惠王上》，《孟子译注》（杨伯峻译注），中华书局，2008年版，第12页。

没有别的诀窍，不过是善于推广他们的好行为罢了。

【随笔】

孟子在此处讲的是仁君治理天下大事的方略，也就是君子修身、齐家方能治国平天下，要把仁爱之心由近及远推而广之。放到现实生活中，人际关系的处理本来就应该这样。从生理角度讲，"老"和"幼"都是最需要社会及人们普遍关怀及重点照顾的对象；从社会意义来讲，每个人都要经历幼和老，幼和老也代表着我们的过去和未来，"幼幼"就是尊重自己的过去，"老老"就是尊重自己的未来。

一个人在人际交往中能用爱心对待自己的亲人并能将这种爱心推而广之到别人的亲人，其人格必然令人钦佩，这种人品质就算有缺陷，也不会坏不到哪里去。

2. 济寡怜孤

【原文】

老而无妻曰鳏，老而无夫曰寡，老而无子曰独，幼而无父曰孤。此四者，天下之穷民而无告者。文王发政施仁，必先斯四者。《诗》云："哿矣富人，哀此茕独。"①

【大意】

孟子说，失去妻子的老年人叫作鳏夫；失去丈夫的老女人叫作寡妇；没有儿女的老人叫作独者；死了父亲的儿童叫作孤儿。这四种人是天下穷苦无靠的人。文王实行仁政，一定最先考虑到他们。《诗经·小雅·正月》说："富人享福快乐无比，穷人可怜无依无靠。"

【随笔】

孟子提出"仁者爱人"。他认为，为政者要恤民、爱民，以民为本，尤其要注重周济体恤鳏寡独孤者，周济无依无靠的人。

对一个国家而言，恤民爱民、济寡怜孤能创立安定团结的治国环境，增

---

① 《孟子·梁惠王下》，《孟子译注》（杨伯峻译注），中华书局，2008年版，第27页。

强民众的凝聚力。

对一个单位而言，关心并帮助生活困难职工，也有利于凝聚人心，增强职工的主人翁意识。

3. 君子不以天下俭其亲

【原文】

孟子自齐葬于鲁，反于齐，止于嬴。充虞请曰："前日不知虞之不肖，使虞敦匠事。严，虞不敢请。今愿窃有请也，木若以美然。"

曰："古者棺椁无度，中古棺七寸，椁称之。自天子达于庶人，非直为观美也，然后尽于人心。不得，不可以为悦；无财，不可以为悦。得之为有财，古之人皆用之，吾何为独不然？且比化者无使土亲肤，于人心独无恔乎？吾闻之：君子不以天下俭其亲。①

【大意】

孟子从齐国到鲁国安葬母亲后返回齐国，住在嬴县。学生充虞请教说："前些日子承蒙老师您不嫌弃我无能，让我监理棺椁的制造工作。当时大家都很忙碌，我不敢打扰您。现在我想请教老师：棺木似乎太好了！"

孟子回答说："上古对于棺椁的尺寸，没有一定的规矩；到了中古，才规定棺厚七寸，椁木以与棺木的厚度相称为准。从天子到老百姓，讲究棺椁，不仅仅是为了美观，而是因为要这样才能尽到孝心。我们为礼制所限，不能用上等木料做棺椁，当然不称心；我们有礼制所允许的用上等木的地位却没有财力而不能用，也还是不称心。既有礼制所允许的用上等木的地位，又有财力，古人都这么做了，我为什么不这样呢？况且，庇护死者不使泥土沾上死者的尸体，孝子之心难道就足以称心了吗？我听说过，在任何情况下，君子都不应当在父母身上省钱。"

【随笔】

孟子认为丧礼是否得当，主要有三条：一是是否尽到了做人子的孝心；

---

① 《孟子·公孙丑下》，《孟子译注》（杨伯峻译注），中华书局，2008年版，第73页。

二是是否符合礼制的规定；三是与自己的能力主要是财力是否相当。超出礼制规定，不行；实际所为没有达到财力所能承担的程度，属于未尽心。一句话：既要尽心尽力，又不能铺张浪费（不符合现代礼制）。

孟子曰："养生者不足以当大事，惟送死可以当大事。"①孟子说："养活父母不算什么大事情，只有给他们送终才算得上是大事。"一个成年人，上要养老，下要育小，这是人间常态，所以孟子认为这算不上是大事，而是每一个成年人必为之事。然而，父母亲的去世，则是家庭的大变；人们遭遇到这种大变，往往会过分隆重或是过分草率，所以孟子认为这是大事。大，就体现在要符合礼的规定。

孟子关于丧礼的观点与孔子的观点基本上是相同的。《论语》记载，孟懿子向孔子请教孝道。孔子告诉他，不违背礼。后来有一天，樊迟替孔子赶车子，孔子就对这个弟子说："前些日子孟孙找我问孝道，我告诉他，不要违背礼。"樊迟就问："老师您说的这句话是什么意思呢？"孔子解释说："生，事之以礼；死，葬之以礼，祭之以礼。"②父母健在，我们依规定的礼节侍奉他们；父母死了，我们依规定的礼节埋葬他们，祭祀他们。所以，孝的精髓是合乎礼。曾子曰："慎终，追远，民德归厚矣。"③君子慎重地处理父母的丧事，追念远代祖先，民众的德行就自然会归于忠厚淳朴了。儒家认为君子对待丧事的态度和做法会影响民风。

在我看来，"惟送死可以当大事"还有一层意思，那就是我们在父母去世之后能否将好的家风继承并发扬下去，这也是孝的表现。"父在，观其志；父没，观其行；三年无改于父之道，可谓孝矣。"④当某人父亲活着的时候，要观察他的思想；他父亲死了，则要考察他的行为；若是他对他父亲生前教诲之合理部分能坚持下去，就可以说是做到孝了。

---

① 《孟子·离娄下》，《孟子译注》（杨伯峻译注），中华书局，2008年版，第145页。

② 《论语·为政》，《论语译注》（杨伯峻译注），中华书局，2006年版，第14页。

③ 《论语·学而》，《论语译注》（杨伯峻译注），中华书局，2006年版，第6页。

④ 《论语·学而》，《论语译注》（杨伯峻译注），中华书局，2006年版，第8页。

4. 人人亲其亲、长其长，而天下平

【原文】

孟子曰："道在迩而求诸远，事在易而求诸难：人人亲其亲、长其长，而天下平。"①

【大意】

孟子说："仁义大道就在近旁却偏要到远处去寻求，事情本来很容易却偏要往难处做——只要人人亲近自己的父母，敬重自己的长辈，天下就太平了。"

【随笔】

"道在迩而求诸远"是舍近求远，"事在易而求诸难"是舍易求难。在孟子看来，无论是舍近求远还是舍易求难，都没有必要，都是糊涂之举。如孔子所讲"能近取譬，可谓仁之方也已。"孟子再次告诉我们要学习圣贤，要施仁道，不必求远，可以也应该从身边的小事做起，由浅入深。只要人人都从自己身边做起，从平常的事、容易做的事努力，如亲近、爱护自己的亲人，尊敬自己的长辈，天下也就会太平了。

为什么只要人人亲近自己的父母，敬重自己的长辈，天下就能太平了呢？如前文所讲，因为儒家认为孝敬父母、尊敬兄长是做人的基础。

《大学》提出"身修而后家齐，家齐而后国治，国治而后天下平。"②《中庸》里讲："君子之道，辟如行远必自迩，辟如登高必自卑。"③孟子认为，"老吾老，以及人之老；幼吾幼，以及人之幼。天下可运于掌。"④并进一步提出"亲亲而仁民，仁民而爱物"。⑤此所谓君子亲爱亲人，因而也能仁爱百姓；仁爱百姓，因而也能爱惜万物。

---

① 《孟子·离娄上》，《孟子译注》（杨伯峻译注），中华书局，2008年版，第130页。

② 《大学》，《大学·中庸》（王国轩译注），中华书局，2016年版，第8页。

③ 《中庸》，《大学·中庸》（王国轩译注），中华书局，2016年版，第89页。

④ 《孟子·梁惠王上》，《孟子译注》（杨伯峻译注），中华书局，2008年版，第12页。

⑤ 《孟子·尽心上》，《孟子译注》（杨伯峻译注），中华书局，2008年版，第252页。

所以，一个人不管有多么远大的志向，先做好身边该做的事，哪怕是一件小事。有职位之人应从老百姓最关心的事，从单位最迫切需要解决的事做起，一件一件来，积小成大、积少成多，使量变到一定程度引起质变，可能比成天策划着做几件惊天动地的事要强得多。

5. 事亲，事之本也；守身，守之本也

【原文】

孟子曰："事，孰为大？事亲为大；守，孰为大？守身为大。不失其身而能事其亲者，吾闻之矣；失其身而能事其亲者，吾未之闻也。孰不为事？事亲，事之本也；孰不为守？守身，守之本也。曾子养曾皙，必有酒肉；将彻，必请所与；问有余，必曰：'有。'曾皙死，曾元养曾子，必有酒肉；将彻，不请所与；问有余，曰：'亡矣。'——将以复进也。此所谓养口体者也。若曾子，则可谓养志也。事亲若曾子者，可也。"①

【大意】

孟子说："侍奉谁最重要？侍奉父母最重要。守护什么最重要？守护自己的节操最重要。不丧失自己的节操又能很好地侍奉父母的，我听说过；丧失了自身节操却能很好地侍奉父母的，我没有听说过。谁不做侍奉人的事呢？但侍奉父母是侍奉的根本。谁不做守护的事呢？但是守护自己的节操是守护的根本。曾子奉养他的父亲曾皙，每餐必定有酒和肉，撤走的时候一定请示把剩下的饭菜送给谁，如果曾皙问还有没有剩余，必然回答说'有'。曾皙去世以后，曾元奉养曾子，每餐也必定有酒和肉，但撤走的时候就不问把剩下的饭菜送给谁，如果曾子问还有没有剩余，便说'没有了'。其实他是想把剩下的饭菜留下来下次再给曾子吃，这就是人们所说的口体之养（仅仅是供养父母的口腹和身体）。像曾子对父亲那样，才可以称为顺从亲意之养（奉养父母的意愿）。君子侍奉父母做到曾子那样，就可以了。"

---

① 《孟子·离娄上》，《孟子译注》（杨伯峻译注），中华书局，2008年版，第135页。

【随笔】

此处讲孝，有两个方面，一是奉养父母不仅仅是在衣食方面，还要使他们身心愉快。二是要守护自己的节操，不使父母因自己的不善而受辱、受累。

从这个观点来看，一个人如果不能守住自己的节操，对父母再好，也不能算是孝了。

在儒家看来，孝悌是做人的根本。《论语》记载，有子曰："其为人也孝弟，而好犯上者，鲜矣；不好犯上，而好作乱者，未之有也。君子务本，本立而道生。孝弟也者，其为仁之本与！"①有子说："为人孝顺父母、敬爱兄长却喜欢冒犯上级的人是很少见的；不喜欢冒犯上级却喜欢造反作乱的人，还从未有过。君子致力于做基础工作，即道德修养要从基础入手，基础确立了，道就会产生。孝敬父母和尊敬兄长就是仁（即做人）的基础吧。"的确，"子生三年，然后免于父母之怀"。②孝是对父母爱心的回报，是做人的基础。总体来讲，一个遵守孝道的人一般不会坏到哪里去。

孟子所讲的"孝道"既继承了孔子的思想，又在一定意义上超越了孔子。孔子讲"孝"，多在对父母的"养"和"敬"。比如，子游向孔子请教什么是孝道。孔子对他讲："今之孝者，是谓能养。至于犬马，皆能有养。不敬，何以别乎？"③现在的所谓孝，就是说能够养活爹娘便行了。而狗、马都能够得到饲养，若对父母不能心存恭敬地孝顺，那养活爹娘和饲养狗、马有什么分别呢？"当子夏向孔子请教什么是孝道时，孔子告诉他："色难。有事，弟子服其劳；有酒食，先生馔，曾是以为孝乎？"④这句话是说在父母前保持和颜悦色是件难事。有事情，年轻人效劳；有酒有肴，年长的人享用，难道这就是孝吗？这都是说对父母的"敬"。然而，孟子并没有停留在孔子对孝的认识的水平，他基于时代的变化，提出守住自己的节操才能

① 《论语·学而》，《论语译注》（杨伯峻译注），中华书局，2006年版，第2页。

② 《论语·阳货》，《论语译注》（杨伯峻译注），中华书局，2006年版，第212页。

③ 《论语·为政》，《论语译注》（杨伯峻译注），中华书局，2006年版，第15页。

④ 《论语·为政》，《论语译注》（杨伯峻译注），中华书局，2006年版，第16页。

更好地侍奉父母。人的一生，无非就是被养、养小、送老、"被送"。许多人努力工作就是为了能更好地养小送老。但当代社会，不难发现，有些人在家表现得是一副非常慈爱、孝顺的样子，但由于在工作中没能守住自己节操，到头来反而让一家老小受辱。孟子把对父母的孝与坚持自己的操守结合起来，用现代的话说，就是要做到人格统一，这就进一步解释了为何让孝悌成为做人之根本的原因。

关于曾子之孝，《孟子》还记载了一段孟子与公孙丑之间的对话。曾子的父亲曾皙喜欢吃羊枣，曾子因而不忍心吃羊枣。公孙丑就问孟子，炒肉末与羊枣哪个好吃？孟子说当然是炒肉末好吃。公孙丑接着问，那曾子为什么不吃羊枣而吃炒肉末呢？孟子说："脍炙所同也。讳名不讳姓，姓所同也，名所独也。"炒肉末是大家都喜欢吃的，羊枣只是个别人喜欢吃的。曾子吃好吃的肉末，是不忍心去吃父亲喜欢吃的羊枣。这就好比父母之名应该避讳，姓却不避讳，因为姓是相同的，名却是他独自一个人的。

6. 不孝有三，无后为大

【原文】

孟子曰："不孝有三，无后为大。舜不告而娶，为无后也，君子以为犹告也。"[①]

【大意】

孟子说："不孝的情况有三种，其中以没有子嗣为最大。舜没有事先禀告父母就娶妻，为的就是怕没有子嗣。所以，君子认为他虽然没有禀告，但实际上和禀告了一样。"

【随笔】

"不孝有三"指的是：一味顺从，见父母有过错而不劝说，使他们陷入不义之中，这是第一种不孝。家境贫穷，父母年老，自己却不去工作以致没钱供养父母，这是第二种不孝。不娶妻生子，使血脉不能延续，这是第三种

---

① 《孟子·离娄上》，《孟子译注》（杨伯峻译注），中华书局，2008年版，第138页。

不孝。

在当今社会，前两种不孝罪过应更大于第三种。第一种是封建式的愚孝，第二种就是现代式的"啃老族"。

当然，此处还体现了孟子重视执行原则时的灵活性。因为舜如果去禀告父母，就有可能娶不成妻子，这样就不会有儿子，没有儿子，反而成了最大的不孝；所以他就采取了变通的办法，没有禀告父母而娶妻。这样就能保证自己有后代，反而符合大道，与禀告了父母是一样的。

孟子还谈到了一般人所谓的五种不孝的情况，分别是："惰其四支，不顾父母之养，一不孝也；博弈好饮酒，不顾父母之养，二不孝也；好货财，私妻子，不顾父母之养，三不孝也；从耳目之欲，以为父母戮，四不孝也；好勇斗狠，以危父母，五不孝也。"[1]四肢懒惰，不管父母的生活，这是一种不孝。好赌博酗酒，不管父母的生活，这是第二种不孝。好钱财，偏爱妻子儿女，不管父母的生活，这是第三种不孝。放纵声色欲望，给父母带来羞辱，这是第四种不孝。逞强好斗，危及连累到父母，这是第五种不孝。这五种不孝的行为得值得今人注意。

7. 仁之实，事亲是也；义之实，从兄是也

【原文】

孟子曰："仁之实，事亲是也；义之实，从兄是也；智之实，知斯二者弗去是也；礼之实，节文斯二者是也；乐之实，乐斯二者，乐则生矣；生则恶可已也，恶可已，则不知足之蹈之手之舞之。"[2]

【大意】

孟子说："仁的主要内容是侍奉亲人，义的主要内容是顺从兄长，智的主要内容是明白这两者的道理而坚持下去，礼的主要内容是指能适当地调节和修饰这两者；乐的主要内容是赞颂这两者，快乐就会产生；快乐一旦产生就无法遏止，无法遏止就情不自禁地手舞足蹈起来了。"

---

① 《孟子·离娄下》，《孟子译注》（杨伯峻译注），中华书局，2008年版，第154页。
② 《孟子·离娄上》，《孟子译注》（杨伯峻译注），中华书局，2008年版，第138页。

【随笔】

仁、义、礼、智、乐五项道德规范中，仁义是中心。仁、义的主要内容是孝顺父母、尊敬兄长，也就是孝悌。礼、智、乐则是建立在人们对仁义的明了、坚持、调节、修饰和赞颂的基础上。

8. 惟顺于父母可以解忧

【原文】

人悦之、好色、富贵，无足以解忧者，惟顺于父母可以解忧。人少，则慕父母；知好色，则慕少艾；有妻子，则慕妻子；仕则慕君，不得于君则热中。大孝终身慕父母。五十而慕者，予于大舜见之矣。①

【大意】

孟子说，被人喜爱、美貌的女子、财富与尊贵都不足以消除忧愁，唯有得到父母的欢心才可以消除忧愁。人在少年时，怀恋父母；懂得喜欢女子了，则想念年轻漂亮的人；有了妻室，就迷恋妻室；当官了便讨好国君，得不到国君的赏识就会内心焦躁。大孝之人终身怀恋父母。到了五十岁还怀恋父母的人，我在伟大的舜身上见到了。

【随笔】

孟子高度推崇舜对父母始终如一的孝顺之心。由于儒家认为孝悌是做人的根本，所以，我们深层次理解孟子的意思，应该是：君子对于根本原则的追求，要像古代圣人那样不被其他事物所诱惑。

怎样才算得到父母的欢心？习近平同志讲，为人民服务就是对父母最大的孝。也就说，为人民服务做出贡献方能得到父母的欢心。古代"忠孝不能两全"是因为"忠"的是皇家，孝的是自家。虽说国是千万家，家是最小国，但皇家的利益和自家的利益往往是分离甚至是对立的。如今，在社会主义制度下，人民是国家的主人，家庭的前途命运同国家和民族的前途命运紧密相连，国家、民族的利益和每一个家庭的利益有着最大公约数，在根本

---

① 《孟子·万章上》，《孟子译注》（杨伯峻译注），中华书局，2008年版，第160页。

利益上是一致的。一方面千家万户都好，国家民族才能好；另一方面国家好，民族好，家庭才能好。所以我们对国家尽忠也就是对父母尽孝，且是大孝。

我参加工作之后，父母总是对我讲："你在外面身体健康、工作顺心，能做出成绩，这胜过给我们寄吃的、穿的好多倍。"父爱似山，母爱如水，我当更自强，在教师的岗位上尽心尽力做一个对社会有用的人。

第八章　为政之德

　　儒家强调为政以德。虽然他们有过分夸大道德作用的一面，但这一方面与当时特殊的时代背景有关；另一方面，在任何一个阶级社会，国家的长治久安的确又离不开道德的规范作用，因而我们在治国理政过程中必须重视道德；再一方面，儒家强调为政以德，主要是对君王、诸侯、卿大夫、士等贤者提出要求，以期能对百姓进行教化。既然为政要有德，那为政之德有哪些呢？前面所讲的几个方面在一定意义上都是为政之德，本章只是补充一些分散于《孟子》全书中的其他对今人仍有借鉴意义的内容。

1. 各司其职

【原文】

　　孟子谓齐宣王曰："王之臣有托其妻子于其友而之楚游者，比其反也，则冻馁其妻子，则如之何？"

　　王曰："弃之。"

　　曰："士师不能治士，则如之何？"

　　王曰："已之。"

　　曰："四境之内不治，则如之何？"

王顾左右而言他。①

【大意】

孟子对齐宣王说："如果大王有一个臣子把妻子儿女托付给他的朋友照顾，自己出游楚国去了。等他回来的时候，他的妻子儿女却在挨饿受冻。对待这样的朋友，应该怎么办呢？"齐宣王说："和他绝交！"

孟子说："如果掌管刑罚的长官不能管理他的下属，那应该怎么办呢？"齐宣王说："撤长官的职！"

孟子又说："如果一个国家治理得很糟糕，那又该怎么办呢？"齐宣王左右张望，把话题扯到一边去了。

【随笔】

孟子这段话的目的是要告诫齐宣王要作一个称职的国君，但他没有直说，而是讲述了一个人受朋友之托但没有履行朋友之道，让朋友的妻子儿女受冻挨饿的事，其行为方式是不对的。齐宣王认为这种朋友应该断绝交往。进而孟子又问，如果官员不能管好下级，那应该怎么办？齐宣王认为应该撤他的职。最后，孟子提出整个国家没能治理好怎么办？答案很明显，责任在国君，按照齐宣王回答上面两个话题的逻辑，齐宣王就应该引咎辞职，所以最后一个问题齐宣王就不敢回答，只能"顾左右而言他"了。孟子是想用这种方式来提醒齐宣王，要想巩固自己的地位，只有勤于自己的职守，那就是：施行王道仁政，与民同乐，与民同忧。

"吾闻之也：有官守者，不得其职则去；有言责者，不得其言则去。"②孟子说，他听说过，有职位在身的人，如果无法尽其职责，就该辞职不干；有进言责任的人，如果他的言说不被采纳，也可以辞职不干。

子曰"不在其位，不谋其政。"③反过来，为政者在其位，就要谋其政。孟子认为，每个职位都有自己的职责要求，无论是官员还是国君，在职之人应该尽到自己的责任，都要守职，有责任心——忠诚地对待自己的职业

① 《孟子·梁惠王下》，《孟子译注》（杨伯峻译注），中华书局，2008年版，第29页。

② 《孟子·公孙丑下》，《孟子译注》（杨伯峻译注），中华书局，2008年版，第72页。

③ 《论语·泰伯》，《论语译注》（杨伯峻译注），中华书局，2006年版，第95页。

第八章 为政之德

岗位，尽心尽力地做好职责范围内应该做的事。如果有职位在身却不能尽职，就该辞职不干；有进言之责却不能进言，就该辞职不干。

为政者如此，实际上每个人无论在家庭、社会、职场都有自己的职责，都应该勤于自己的职守。

2. 以德服人、心悦诚服

【原文】

孟子曰："以力假仁者霸，霸必有大国；以德行仁者王，王不待大——汤以七十里，文王以百里。以力服人者，非心服也，力不赡也；以德服人者，中心悦而诚服也，如七十子之服孔子也。《诗》云：'自西自东，自南自北，无思不服。'此之谓也。"①

【大意】

孟子说："倚仗实力然后假借仁义之名的人可以称霸诸侯，但称霸一定要凭借国家的强大。依靠道德来实行仁义的人可以使天下归服，这样做不必以强大的国家为基础，就像商汤仅凭纵横七十里的土地，周文王仅凭纵横百里的国土就使人归服。倚仗实力来使人服从的，人家并不是真心服从，只是因为人家实力不够的缘故。依靠道德来使人服从的，人家才会心中喜悦而诚心诚意归服，就好像七十多个弟子归服孔子一样。《诗经·大雅·文王有声》上说：'从西到东，从南到北，无不心悦诚服。'就是这个意思。"

【随笔】

为政者使人服从有"霸道"和"王道"之分。所谓"霸道"，就是以力（如武力、势力、权力）服人，服从者未必心服，只是由于自身力量不足而屈服；所谓"王道"，就是以德服人，服从者是真正地心悦诚服，完全是自愿。孟子提倡"王道"，反对"霸道"。

无论是治国理政，还是组织管理，甚至平时的待人接物、为人处事，"以德服人"的"王道"都应该是对我们的基本要求。

---

① 《孟子·公孙丑上》，《孟子译注》（杨伯峻译注），中华书局，2008年版，第55页。

怎样才能做到以德服人呢？我认为，一是要有容人之量，能真心欣赏别人的优点，原谅别人的小缺点，心胸宽广、襟怀坦荡，不斤斤计较，既能得饶人处且饶人，也能听得进别人的不同意见；二是要能成人之美、与人为善、引人向善，帮助别人是为了让别人越来越好而不是为了得到别人的报答。

以德服人说白了就是为政者凭借自己的良好道德品质和以身作则的行为使人信服。这种人不管他在不在领导岗位，到哪都能受人尊敬。而信服他的人也都能发自真心地按他的要求去做。以力服人也就是凭借手中权力（武力、势力）使人服从的，就算出发点是为了维护组织利益，就算是出于好心或公心，别人也会口服心不服，这就使工作的效果大打折扣。

子曰："道之以政，齐之以刑，民免而无耻；道之以德，齐之以礼，有耻且格。"①孔子认为，用政法来教导，使用刑罚来整顿，民众就只是暂时地免于罪过，但却没有廉耻之心；而如果用道德来教导，用礼来整顿，民众不但有廉耻之心，而且人心归服。

所以，同样是使人服从，以力服人和以德服人在表面上看是工作方式方法的不同，但实际上反映的却是一个人道德修养的高低和处世理念的不同。

3. 为政不难，不得罪于巨室

【原文】

孟子曰："为政不难，不得罪于巨室。巨室之所慕，一国慕之；一国之所慕，天下慕之，故沛然德教溢乎四海。"②

【大意】

孟子说："治理政事并不难，只要不得罪那些有影响的贤明的卿大夫就可以了。因为他们所敬慕的，一国的人都会敬慕；一国的人所敬慕的，天下的人都会敬慕，因此德教就可以大行于天下。"

---

① 《论语·为政》，《论语译注》（杨伯峻译注），中华书局，2006年版，第12页。
② 《孟子·离娄上》，《孟子译注》（杨伯峻译注），中华书局，2008年版，第126页。

【随笔】

孟子说"不得罪于巨室"，是因为当时国政基本都被这些大家族操纵，所以孟子的意思是要推行仁政，首先要做好这些人的工作。但这并不是说要屈从权势。"说大人，则藐之，勿视其巍巍然。"①孟子认为向达官贵族进言就要藐视他们，不要把他们高高在上的模样放在眼里。这就明确表明了孟子与"巨室"交往的态度。

孔子也有这样的观点。《论语》记载子贡问孔子怎么去实行仁政。孔子告诉他："工欲善其事，必先利其器。居是邦也，事其大夫之贤者，友其士之仁者。"②工匠要做好他的事情，一定先要搞好他的工具。你住在这个国家，就要敬奉那些大官中的贤人，结交那些士人中的仁者。

和当时诸侯各国有一些贤明卿大夫一样，如今每个单位或多或少都会有一些在群众中有一定影响力，能反映民心走向的骨干，他们不一定在管理岗位上，但却受群众尊重，有一定号召力。领导者要发现并做好他们的工作。

4. 惠而不知为政

【原文】

子产听郑国之政，以其乘舆济人于溱洧。孟子曰："惠而不知为政。岁十一月，徒杠成；十二月，舆梁成，民未病涉也。君子平其政，行辟人可也，焉得人人而济之？故为政者，每人而悦之，日亦不足矣。"③

【大意】

子产主持郑国的政务，用自己所乘的车辆载行人渡过溱水和洧水。孟子说："子产这只是小恩小惠，他并不懂得治国理政。他应在十一月份搭好人走的桥，在十二月份搭好可通车的桥，百姓也就不用为渡河发愁了。君子处理好自己的政务，外出时使行人避道都没关系，怎么能一个一个帮人渡河呢？如果治国理政之人，都去讨人人欢心，时间也不够用啊。"

---

① 《孟子·尽心下》，《孟子译注》（杨伯峻译注），中华书局，2008年版，第268页。

② 《论语·卫灵公》，《论语译注》（杨伯峻译注），中华书局，2006年版，第184页。

③ 《孟子·离娄下》，《孟子译注》（杨伯峻译注），中华书局，2008年版，第141页。

【随笔】

子产在郑国当政的时候对国家贡献很大，对老百姓也很有恩惠。孔子就对子产大加赞赏过——"子谓子产，有君子之道四焉：其行己也恭，其事上也敬，其养民也惠，其使民也义。"[①]孔子说子产有四种行为合于君子之道：严于律己，执行上级命令尽心尽力，关心民众疾苦，役使人民得当。所以，当有人问子产这个人怎么样时，孔子说："惠人也。"[②]孔子说他是一个宽厚慈惠的人。

当然，孔子的评价侧重于道德评价。孟子则从另一个角度对子产有不同的评价。子产用自己乘坐的车子去帮助老百姓过河，这事在一般人看来是属于爱民的美德。但孟子却批评子产只会施行小恩小惠，不懂得治国理政。他以老百姓过河为例，认为要从根本上解决百姓过河的问题，应当是修桥而不是用自己的车去把老百姓一个一个的运过河。因为后者不能解决根本问题。

这就告诉我们，为政当以大局为重，以治本为主，而不应以小恩小惠去取悦于人，更不应以此来沽名钓誉。什么叫以大局为重？建章立制，从根本上解决问题，就是以大局为重。比如，领导找每个人谈话，鼓励他们努力工作，用个人的钱和资源帮助员工，这就是小恩小惠。但如果能建立激励约束机制、扶贫帮困机制，让每个人都清楚努力和不努力的后果，这样，员工的积极性就能保持，这就是建章立制，这就是从根本上解决问题。

5. 位卑而言高，罪也；立乎人之本朝，而道不行，耻也

【原文】

孟子曰："仕非为贫也，而有时乎为贫；娶妻非为养也，而有时乎为养。为贫者，辞尊居卑，辞富居贫。辞尊居卑，辞富居贫，恶乎宜乎？抱关击柝。孔子尝为委吏矣，曰'会计当而已矣'。尝为乘田矣，曰：'牛羊茁壮长而已矣'。位卑而言高，罪也；立乎人之本朝，而道不行，耻也。"[③]

① 《论语·公冶长》，《论语译注》（杨伯峻译注），中华书局，2006年版，第53页。

② 《论语·宪问》，《论语译注》（杨伯峻译注），中华书局，2006年版，第166页。

③ 《孟子·万章下》，《孟子译注》（杨伯峻译注），中华书局，2008年版，第187页。

【大意】

孟子说："做官并不是因为贫穷，但有时也是因为贫穷。娶妻不是为了奉养父母，但有时也是为了奉养父母。如果是因为贫穷而做官，那就应该辞去高官担任低职，拒绝高薪接受薄俸。辞去高官担任低职，拒绝高薪接受薄俸，什么位置才合适呢？守门、打更也行。孔子也曾经做过管仓库的小吏，他说'统计核算无误了。'他也曾做过管畜牧的小吏，并说'牛羊都茁壮地成长了。'职位低的人却去议论朝廷大事，这是过错；在朝廷做大官的人，而不能使正义的主张实行，这是耻辱。"

【随笔】

孟子认为，如果仅仅是因为贫穷而去做官，也就谈不上有什么政治抱负，而没有政治抱负的人，做个小官也就行了。做个小官，只要把自己的本职工作做好就行了，不要去管非自己所能操心的事。就像孔子，在什么岗位就把这个岗位的事情做好。孔子说，"不在其位，不谋其政"，曾子说，"君子思不出其位。"① 小官想通过操心朝廷大事以期谋求优厚的待遇，这属于不自量力，属于越位。

然而，如果当官不是为了养家糊口，那就要施行大道。所以，身居高位就要思考如何使正义的主张实行，就是要定战略、指方向。

用现在的话说，就是一个人想发财就别当官，当官就不能想着自己发财而要想着如何让老百姓过上更加幸福美好的生活。天下百姓谁愿意把国家大事交给一个为了发财而想做官的人手中？一个国家如此，一个单位也如此。

6. 君子之事君也，务引其君以当道，志于仁而已

【原文】

长君之恶其罪小，逢君之恶其罪大。今之大夫皆逢君之恶，故曰，今之大夫，今之诸侯之罪人也。②

……

---

① 《论语·宪问》，《论语译注》（杨伯峻译注），中华书局，2006年版，第174页。
② 《孟子·告子下》，《孟子译注》（杨伯峻译注），中华书局，2008年版，第223页。

君子之事君也，务引其君以当道，志于仁而已。^①

……

孟子曰：“今之事君者皆曰：‘我能为君辟土地，充府库。’今之所谓良臣，古之所谓民贼也。君不乡道，不志于仁，而求富之，是富桀也。‘我能为君约与国，战必克。’今之所谓良臣，古之所谓民贼也。君不乡道，不志于仁，而求为之强战，是辅桀也。由今之道，无变今之俗，虽与之天下，不能一朝居也。”^②

【大意】

孟子说，臣属助长国君的恶行，臣属的罪过还算轻；臣属迎合国君的恶行，使他无所忌惮，罪过就大了。如今的大夫，都是在迎合国君的恶行，所以说，如今的大夫，对诸侯来说，都是有罪之人。

……

孟子说，君子侍奉国君，就是要努力把国君引向正道，有志于仁而已。

……

孟子说：“现今侍奉国君的人都说：‘我能替国君开拓土地，充实府库。’现今所谓的好臣子就是古时候所谓的民贼。国君不向往道德，无志于仁，臣子却想使国君富有，这等于使夏桀富有。这些人还说：‘我能为国君邀结盟国，每战必胜。’现今所谓的好臣子就是古时候所谓的民贼。国君不向往道德，无志于仁，臣子却为谋求国君的强大去作战，这等于是帮助夏桀。沿着这样的路子走下去，不改变今天这样的风气，即使把整个天下交给他，他也是一天也坐不稳的。

【随笔】

以上都是讲臣子该怎样侍奉国君，放到现今，就是下级该怎样辅助上级。

在当时，孟子认为，侍奉国君最重要的是引导国君施行大道、仁义，而不是一味地迎合他们，帮助他们穷兵黩武、争夺土地和财富。“君不行仁政

---

① 《孟子·告子下》，《孟子译注》（杨伯峻译注），中华书局，2008年版，第225页。

② 《孟子·告子下》，《孟子译注》（杨伯峻译注），中华书局，2008年版，第226页。

第八章　为政之德

而富之，皆弃于孔子者也。况于为之强战"？^①国君不行仁政还去帮助国君搜刮财富的人，都是孔子所唾弃的，更何况那些为国君的强大而去作战的人呢？

放到当今，下级辅助上级不能谄媚，只是一味地迎合，上级说什么都说好，甚至助纣为虐，为上级的不好行径找理由、打掩护，让他更加嚣张；更不能和上级狼狈为奸，同流合污、沆瀣一气。

7. 切勿以邻为壑

【原文】

白圭曰："丹之治水也愈于禹。"

孟子曰："子过矣。禹之治水，水之道也，是故禹以四海为壑。今吾子以邻国为壑。水逆行谓之洚水——洚水者，洪水也——仁人之所恶也。吾子过矣。"^②

【大意】

白圭说："我治水胜过禹。"

孟子说："你错了。大禹治水，是顺着水的本性而行，所以禹使水流注于四海。如今你却把邻国当作蓄水的沟壑，使水流到邻近的国家去。水逆向而行叫作为洚水，洚水就是洪水，这是有仁爱之心的人所憎恶的。所以你错了。"

【随笔】

从方法上说，大禹治水顺应水性，重在疏导；白圭治水却高筑堤防，重在堵塞。从效果上说，大禹最终将水导入四海，而白圭却把水堵塞后流向邻国。导入四海造福人民而于人无害；流向邻国则是损人利己。

成语"以邻为壑"由此而来，其原意为将邻国当作沟坑，把本国的洪水排泄到那里去。后比喻只图自己一方的利益，把困难或灾祸转嫁给别人。例如，发达国家向发展中国家转移高能耗、高排放产业，日本计划向海洋排放

---

① 《孟子·离娄上》，《孟子译注》（杨伯峻译注），中华书局，2008年版，第132页。

② 《孟子·告子下》，《孟子译注》（杨伯峻译注），中华书局，2008年版，第228页。

核污染水，这都是以邻为壑的典型。

关于工作中"以邻为壑"的表现及本质，毛泽东同志在《整顿党的作风》一文中有深刻地剖析："必须反对只顾自己不顾别人的本位主义的倾向。谁要是对别人的困难不管，别人要调他所属的干部不给，或以坏的送人，'以邻为壑'，全不为别部、别地、别人想一想，这样的人就叫作本位主义者，这就是完全失掉了共产主义的精神。不顾大局，对别部、别地、别人漠不关心，就是这种本位主义者的特点。对于这样的人，必须加重教育，使他们懂得这就是一种宗派主义的倾向，如果发展下去，是很危险的。"①

8. 夫苟好善，则四海之内，皆将轻千里而来告之以善

【原文】

曰："好善优于天下，而况鲁国乎？夫苟好善，则四海之内皆将轻千里而来告之以善；夫苟不好善，则人将曰：'訑訑，予既已知之矣。'訑訑之声音颜色距人于千里之外。士止于千里之外，则谗谄面谀之人至矣。与谗谄面谀之人居，国欲治，可得乎？"②

【大意】

孟子说，喜欢听取善言的国君，足以治理天下，何况仅仅是治理鲁国呢？一个人如果喜欢听取善言，那么四海之内的人都会不辞千里赶来把善言告诉他。如果不喜欢听善言，他就会说"呵呵，我早已知道了"。"呵呵"、脸色会拒人于千里之外。如果读书人都止步于千里之外而不来进言，那么谄媚阿谀的人就会来了。国君和谄媚阿谀的人相处在一起，要想治理好国家，做得到吗？

【随笔】

在孟子看来，治理好一个国家并不单靠执政者个人的能力、智慧和学识，而应当广泛听取和采纳别人的意见，集思广益。相反，如果为政者自以

---

① 《毛泽东选集》（第三卷），人民出版社，1991年版，第824页。

② 《孟子·告子下》，《孟子译注》（杨伯峻译注），中华书局，2008年版，第229页。

为是，听不进别人的意见，那真正的有识之士就会被拒之于千里之外，而奸邪的诌媚之徒就会乘虚而入。这样一来治理好国家就难了。

治国如此，治理一个单位、一个部门亦是如此。贤近则佞远；听不进逆耳忠言，则阿谀奉承的话就会铺天盖地。

9. 以善养人，然后能服天下

【原文】

孟子曰："以善服人者，未有能服人者也；以善养人，然后能服天下。天下不心服而王者，未之有也。"①

【大意】

孟子说："以善来使人服从的人，没有能使人服从的。以善来影响、教育人，才能使天下的人都归服。使天下的人不心悦诚服而能统一天下的人，这是从来没有过的。"

【随笔】

孟子认为仅仅自己做到善，还不能使人折服。只有凭借着自己的善去教育、感化别人，才能使人由衷地钦服。故此，育人者、领导者首先自身要善——有德；光自身有德还不行，还要以德感人、以德育人，要主动作为。

10. 生于忧患，死于安乐

【原文】

入则无法家拂士，出则无敌国外患者，国恒亡。然后知生于忧患而死于安乐也。②

……

孟子曰："人之有德慧术知者，恒存乎疢疾。独孤臣孽子，其操心也危，其虑患也深，故达。"③

---

① 《孟子·离娄下》，《孟子译注》（杨伯峻译注），中华书局，2008年版，第146页。
② 《孟子·告子下》，《孟子译注》（杨伯峻译注），中华书局，2008年版，第231页。
③ 《孟子·尽心上》，《孟子译注》（杨伯峻译注），中华书局，2008年版，第239页。

……

国家闲暇，及是时，明其政刑。虽大国，必畏之矣……今国家闲暇，及是时，般乐怠敖，是自求祸也。[1]

【大意】

孟子说一个国家内没有法纪严明的大臣、诤谏的士人，国外没有与之相抗衡的邻国，外在的忧患，这个国家就容易灭亡。这样就可以知道忧愁患害可以使人生存，安逸快乐足以使人死亡的道理了。

……

孟子说："人之所以有道德、智慧、本领、知识，常常在于他有灾患。唯有那些孤立之臣，庶孽之子，他们时常提高警惕，考虑患害也深，所以才通达。"

……

孟子说国家局势稳定，无内忧外患，趁这个时候修明政治法典，纵使邻国再强大也一定会畏惧它了……现今国家局势稳定，没有内忧外患，此时追求享乐，懈怠仁政，等于自找灾祸。祸害与幸福，没有不是自己找来的。

【随笔】

矛盾具有同一性，即矛盾的双方在一定条件下会相互转化。生于忧患、死于安乐反映的就是这个道理。人人都希望有一个安乐的环境。可是人倘若不能正确对待安乐的环境，陶醉其中，又常常使人精神萎靡，意志消沉，骄奢淫逸，无所作为，不免导致死亡。所以人们常说，如果满足于今天的安逸，那明天就会痛苦。

没有人喜欢忧患的环境，但在忧患的环境中，如能发挥主观能动性，人的精神反而振奋，意志高昂，大有作为。

"生于忧患，死于安乐"一方面激励我们遇逆境不丧志屈服，不要被艰苦困难与挫折所吓倒，要利用这些条件来激励自己奋发，提高自己的修养，如能自强不息，励精图治，事业就一定能成功；另一方面又提醒我们不要

---

① 《孟子·公孙丑上》，《孟子译注》（杨伯峻译注），中华书局，2008年版，第55—56页。

因一时的顺利与胜利而陶醉，倘若骄傲自满，麻痹大意，又会招致失败与屈辱，所以要居安思危，苦练内功。

11. 乐其道而忘人之势

【原文】

孟子曰："古之贤王好善而忘势；古之贤士何独不然？乐其道而忘人之势，故王公不致敬尽礼，则不得亟见之。见且由不得亟，而况得而臣之乎？"①

【大意】

孟子说："古代贤君因为好善而忘掉自己的权势，古代的贤士又何尝不是这样呢？乐于行自己的大道因而忘记了别人的权势。所以王公贵族们不恭敬尽礼就不能够顺意见到这些贤士。见面尚且不能顺意，何况要以他们为臣呢？"

【随笔】

上级要尊重下级，包括单位中贤能的人；下级应遵循仁义之道，做好自己该做的，而不要为权势所屈服。孟子曰："天下有道，以道殉身；天下无道，以身殉道。未闻以道殉乎人者也。"②仁义是做人的最高准则，天下清明，君子可以施行它；天下黑暗，君子可以为它而死，但不能放弃它来迁就别人。

12. 不以三公易其介

【原文】

孟子曰："柳下惠不以三公易其介。"③

【大意】

孟子说："柳下惠不因为做大官便改变他的操守。"

---

① 《孟子·尽心上》，《孟子译注》（杨伯峻译注），中华书局，2008年版，第235页。

② 《孟子·尽心上》，《孟子译注》（杨伯峻译注），中华书局，2008年版，第251页。

③ 《孟子·尽心上》，《孟子译注》（杨伯峻译注），中华书局，2008年版，第245页。

这从字面上理解，就是不要因为做大官了就胡作非为、横行霸道，亦不因官小而卑微谄媚、低声下气。进一步理解，就是君子不因外物而影响自己的道德操守。

13. 执中无权，犹执一也

【原文】

孟子曰："杨子取为我，拔一毛而利天下，不为也。墨子兼爱，摩顶放踵利天下，为之。子莫执中。执中为近之。执中无权，犹执一也。所恶执一者，为其贼道也，举一而废百也。"①

【大意】

孟子说："杨子主张为我，就算是拔去自己一根汗毛而有利于天下，他也不肯干。墨子主张兼爱天下，哪怕是摩秃头顶、磨破脚跟，只要是对天下有利，他都愿意干。子莫主张折中。主张折中近乎正确。但是主张折中却不懂得变通，便和固执是一样的了。之所以厌恶固执，是因为损害了仁义之道，抓住一点而废弃了其余的缘故。"

【随笔】

万事万物的存在都有一个合适的范围，即"度"，达不到为"不及"，超过了为"过"，"过犹不及"。在孟子看来，杨朱"为我"思想是不及，墨家"兼爱"又太过，都不好，子莫主张"中道"比较恰当，但更可取的是"执中"加"变通"。不会变通的"执中"就等于"执一"。这就告诉我们，为人处世、看问题，处理事情应该通达权变，不能墨守成规，固执己见或偏激。当然，变通的依据是仁义。

---

① 《孟子·尽心上》，《孟子译注》（杨伯峻译注），中华书局，2008年版，第244页。

14. 知者无不知也，当务之为急；仁者无不爱也，急亲贤之为务

【原文】

孟子曰："知者无不知也，当务之为急；仁者无不爱也，急亲贤之为务。尧舜之知而不遍物，急先务也；尧舜之仁不遍爱人，急亲贤也。"①

【大意】

孟子说："智者没有不知道的，但首先做最重要的事；仁者没有不爱的，但务必先爱亲人和贤者。尧舜的智慧都不能完全知道一切事物，是因为他们首先做最重要的事。尧舜的仁德不能遍及所有的人，是因为他们急于爱亲人和贤者。"

【随笔】

履行大道也好，从事普通工作也好，都有轻重缓急之分，而人的精力又是有限的，所以要把紧急且重要的事情放在首位，而不是眉毛胡子一把抓。这就是唯物辩证法所讲的要坚持两点论与重点论的统一；要在全面分析问题的基础上通过抓主要矛盾或矛盾的主要方面推动事物的发展、问题的解决，以点带面。

---

① 《孟子·尽心上》，《孟子译注》（杨伯峻译注），中华书局，2008年版，第252页。

第九章　察人交友

"独学而无友，则孤陋而寡闻。"①交友是人生处世之必然，也是人生进取之必然，孟子将它列于"五伦"，并提出了许多至今仍有益的察人交友之道。

1. 友其德

【原文】

万章问曰："敢问友。"

孟子曰："不挟长，不挟贵，不挟兄弟而友。友也者，友其德也，不可以有挟也……用下敬上，谓之贵贵；用上敬下，谓之尊贤。贵贵尊贤，其义一也。"②

【大意】

万章问："请问交友的原则？"

孟子回答："不依仗自己年纪大，不依仗自己地位高，不依仗自己兄弟的富贵来交友。交友是因为朋友的品德而去结交，因此心中不能存有任何有所依仗的观念……职位低的人尊敬职位高的人，叫作尊重贵人；职位高的人尊敬职位低的人，就称为尊敬贤者；尊重贵人和尊敬贤者，道理都

---

① 《学记》（高时良译注），人民教育出版社，2016年版，第7页。

② 《孟子·万章下》，《孟子译注》（杨伯峻译注），中华书局，2008年版，第183页。

是一样的。"

【随笔】

儒家认为："天下之达道五。"人际间有五种重要的关系，分别是"君臣也，父子也，夫妇也，昆弟也，朋友之交也"。[①]孟子提出："父子有亲，君臣有义，夫妇有别，长幼有序，朋友有信。"[②]交友的目的是结交道德，提高自己的德行，所以朋友之间是平等的，不能有所依仗。

自孔子开始，儒家就非常重视交友之道，尤其重视通过交友来提升自己的德行。

孔子曰："益者三友，损者三友。友直，友谅，友多闻，益矣。友便辟，友善柔，友便佞，损矣。"[③]孔子认为有益的朋友有三种，有害的朋友有三种。一个人同正直的人交友，同信实的人交友，同见闻广博的人交友，便有益了。一个人同惯于谄媚奉承的人交友，同当面恭维背后毁谤的人交友，同夸夸其谈、花言巧语的人交友，便有害了。

孔子认为一个人以交了不少有益的朋友为快乐，才是有益的。

子曰："群居终日，言不及义，好行小慧，难矣哉！"[④]孔子认为朋友们在一起，言谈应涉及正理，不卖弄小聪明，这样才能共同进步。

曾子曰："君子以文会友，以友辅仁。"[⑤]曾子认为君子用文章学问来结交朋友，用朋友来帮助自己培养仁德。

2. 交际以恭

【原文】

万章问曰："敢问交际何心也？"

孟子曰："恭也。"

[①]《中庸》，《大学·中庸》（王国轩译注），中华书局，2016年版，第106页。

[②]《孟子·滕文公上》，《孟子译注》（杨伯峻译注），中华书局，2008年版，第94页。

[③]《论语·季氏》，《论语译注》（杨伯峻译注），中华书局，2006年版，第197–198页。

[④]《论语·卫灵公》，《论语译注》（杨伯峻译注），中华书局，2006年版，第187页。

[⑤]《论语·颜渊》，《论语译注》（杨伯峻译注），中华书局，2006年版，第148页。

曰："'却之却之为不恭'，何哉？"

曰："尊者赐之，曰：'其所取之者义乎，不义乎？'而后受之，以是为不恭，故弗却也。"

曰："请无以辞却之，曰：'其取诸民之不义也。'而以他辞无受，不可乎？"

曰："其交也以道，其接也以礼，斯孔子受之矣。"[1]

【大意】

万章问："请问与人交往的时候，当如何用心？"

孟子说："存有恭敬之心就行了。"

万章说："俗话说'一再拒绝别人的馈赠，这是不恭敬的'，这是为什么？"

孟子说："当尊者赐予我们礼物时，如果要想想'他取得这个东西是否符合义'再来接受，这是不恭敬的。所以，面对尊者的赐予便不拒绝。"

万章曰："我嘴上不说，但内心拒绝，心里想着'这是他取自百姓的，是不义之财'，而用其他的借口来拒绝，不行吗？"

孟子说："只要他遵循准则与我交往，遵循礼节与我接触，就算是孔子，都会接受馈赠的。"

【随笔】

人与人之间的交往应以恭敬为本。一个人持有恭敬之心，就能显示自己的诚恳、真诚、热心，对方也就能感受到温暖，从而使气氛融洽。"良言一句三冬暖，恶语伤人六月寒"说的也就是这个道理。

司马牛忧曰："人皆有兄弟，我独亡。"子夏曰："商闻之矣：死生有命，富贵在天。君子敬而无失，与人恭而有礼。四海之内，皆兄弟也——君子何患乎无兄弟也？"[2]司马牛忧愁地说："别人都有好兄弟，唯独我没有。"子夏说："我听说过：死生听之命运，富贵由天安排。君子只要对待

---

① 《孟子·万章下》，《孟子译注》（杨伯峻译注），中华书局，2008年版，第184-185页。

② 《论语·颜渊》，《论语译注》（杨伯峻译注），中华书局，2006年版，第140页。

工作严肃认真，不出差错，对待别人谦恭有礼，天下之大，到处都是好兄弟——君子又何必着急没有好兄弟呢？"

3. 乐天者保天下，畏天者保其国

【原文】

齐宣王问曰："交邻国有道乎？"

孟子对曰："有。惟仁者为能以大事小，是故汤事葛，文王事昆夷。惟智者为能以小事大，故大王事獯鬻，勾践事吴。以大事小者，乐天者也；以小事大者，畏天者也。乐天者保天下，畏天者保其国。《诗》云：'畏天之威，于时保之。'"①

【大意】

齐宣王问孟子："和邻国交往有什么原则吗？"

孟子回答说："有。只有仁爱的人才能够以大国的身份来侍奉小国，所以商汤侍奉葛伯，文王侍奉昆夷。只有聪明的人才能够以小国的身份侍奉大国，所以太王侍奉獯鬻，越王勾践侍奉吴王夫差。以大国身份侍奉小国的，是以天命为乐的人；以小国身份侍奉大国的，是谨慎畏惧的人。无往而不快乐的人足以安定天下，谨慎畏惧的人足以保护自己的国家。这正如《诗经·周颂·我将》所说的'畏惧上天的威灵，所以能得到安宁。'"

【随笔】

"仁交小国、智交大国"是外交谋略。人与人相交，亦是如此：职位高的、辈分高的、年龄大的人尊敬职位比自己低的、辈分低的、年龄小的人，不摆架子，不恃强凌弱，就是仁者风范，这样的人就能受到别人发自内心的尊敬；职位低的、辈分低的、年龄小的人谨慎小心地对待职位比自己高的、辈分高的、年龄大的人，不卑不亢，这就是智者所为，这样的人就能保护自己。正如网友所说"别人尊重你，不是因为你有多么的优秀，而是因为别人有修养"。

① 《孟子·梁惠王下》，《孟子译注》（杨伯峻译注），中华书局，2008年版，第23页。

4. 夫既或治之，予何言哉

【原文】

孟子为卿于齐，出吊于滕，王使盖大夫王驩为辅行。王驩朝暮见，反齐滕之路，未尝与之言行事也。

公孙丑曰："齐卿之位，不为小矣；齐滕之路，不为近矣，反之而未尝与言行事，何也？"

曰："夫既或治之，予何言哉？"[①]

【大意】

孟子在齐国做卿，受命到滕国吊丧，齐王还派盖邑大夫王驩作为副使同行。孟子与王驩朝夕相见，但在来回于从齐国到滕国的旅途中，却从未与他一起谈过公事。

公孙丑问："齐国卿的职位，不算小了；齐国、滕国间的距离，也不算近了。但来回一趟，却不曾与他谈过公事，这是为什么呢？"

孟子说："他既然一个人独断专行了，我说什么呢？"

【随笔】

孟子奉命出使，王驩是副使，按理他应事事请示孟子，然而他却自恃是齐王手下的宠臣而独断专行（可能也是齐王之意），所以孟子就不与他谈论公务。孟子若谦恭地与王驩商量公事，则会使王驩更加自以为是。若是孟子摆出高傲的样子，则会使王驩忌惮孟子专权。所以两人往返千里，不谈一言，这表明孟子确实很懂为人处事的原则——道不同，不相为谋。孟子这种与小人共事的做法值得后人学习。

5. 恭者不侮人，俭者不夺人

【原文】

孟子曰："恭者不侮人，俭者不夺人。侮夺人之君，惟恐不顺焉，恶得

---

① 《孟子·公孙丑下》，《孟子译注》（杨伯峻译注），中华书局，2008年版，第72页。

为恭俭？恭俭岂可以声音笑貌为哉？"①

【大意】

孟子说："谦恭的人不会欺侮别人，俭朴的人不会掠夺别人。欺侮、掠夺别人的人，唯恐别人不顺从自己，又怎能够做到谦恭和俭朴呢？谦恭、俭朴这两种品德难道可以用好听的声音和笑脸做出来吗？"

【随笔】

真正的谦恭是发自内心地对别人的尊敬，所以谦恭的人不会欺侮别人。真正俭朴的人能自我克制，勤俭节约，对人反而大方，所以一般不会去掠夺别人。这里的"俭"既是物质上的不奢华靡费，也是精神上的谦卑克己，包括为政的爱惜民财民力，慎重行事，还有做人的内敛含蓄。所以，谦恭和俭朴都能够也必须表现在实实在在的事情上，表面上是装不出来的。那种表面上装出好听的声音和笑脸，实际上却欺侮、强取，不能算真正的谦恭俭朴。

子曰："巧言、令色、足恭，左丘明耻之，丘亦耻之。匿怨而友其人，左丘明耻之，丘亦耻之。"②孔子说："花言巧语，伪善容貌，十足的恭顺，这种态度，左丘明认为可耻，我也认为可耻。内心藏着怨恨，表面上却同他要好，这种行为，左丘明认为可耻，我也认为可耻。"

子曰："奢则不孙，俭则固。与其不孙也，宁固。"③孔子说："奢侈就显得骄傲，俭朴就显得简陋。与其骄傲，宁可简陋。"

6. 贤养不肖

【原文】

孟子曰："中也养不中，才也养不才，故人乐有贤父兄也。如中也弃不中，才也弃不才，则贤不肖之相去，其间不能以寸。"④

---

① 《孟子·离娄上》，《孟子译注》（杨伯峻译注），中华书局，2008年版，第133页。

② 《论语·公冶长》，《论语译注》（杨伯峻译注），中华书局，2006年版，第57页。

③ 《论语·述而》，《论语译注》（杨伯峻译注），中华书局，2006年版，第87页。

④ 《孟子·离娄下》，《孟子译注》（杨伯峻译注），中华书局，2008年版，第143页。

孟子说："道德修养高的人影响、教育道德修养不高的人，本领强的人影响、教育本领低的人，因此每个人都喜欢有个贤能的父兄。如果道德修养高的人嫌弃道德修养不高的人，有才能的人抛弃没有才能的人，那么，所谓好与不好之间的差别，也就相近得不能用寸来计量了。"

【随笔】

道德修养高的人要帮助道德修养不高的人提高道德修养，本领强的人要帮助本领低的人提高能力，这样才能共同进步、共同提高，才能体现贤能者的作用，如果做不到这一点，那这个所谓的贤能就要大打折扣了。

"中"指的是无过、无不及，也就是中庸之德。子曰："中庸之为德也，其至矣乎！民鲜久矣！"[1]孔子说："中庸这种德行，大概是最高最好的了吧！但人们很少能做到，这种状况已经很久了！"

这就启示我们，团队成员相处既不能要求别人和自己一样积极、主动、能干——如果同事们个个都和你一样聪明，有悟性，有本事，那就没你什么事了！领导对下属也是一样，希望下面的人个个主动性强，自己还没说，他们就知道怎么做，那实在是太理想化了，现实不可能有的。也不能"好为人师"——骄傲自满，瞧不起别人，对别人指指点点。团队成员唯有相互关心、互帮互助才能让团队走向进步。

7. 恶称人之恶，乐道人之善

【原文】

孟子曰："言人之不善，当如后患何？"[2]

【大意】

孟子说："议论别人的不好，由此引起的后患该怎么办呢？"

【随笔】

孟子认为，人要有所为，也要有所不为。此处他则告诉我们：称人之恶

---

① 《论语·雍也》，《论语译注》（杨伯峻译注），中华书局，2006年版，第72页。
② 《孟子·离娄下》，《孟子译注》（杨伯峻译注），中华书局，2008年版，第144页。

不可为，道人之善当可为。

虽然俗话讲"谁人背后无人说，哪个人前不说人？"但"言人之不善"往往会引出不必要的麻烦。比如，你在张三面前说李四的不好，一旦张三传出去，最后传到了李四耳朵里，是不是就引发了李四和你之间的矛盾？你怎么办？讥人者人恒讥之，谤人者人恒谤之，助人者人恒助之，爱人者人恒爱之。

所以，我建议，对别人的批评和意见，最好两个人当面说，而不对第三者说，这样多少能避免一些不必要的误会。《论语》记载了一个小故事。鲁昭公从吴国娶了位夫人，由于鲁和吴都姓姬，按照周礼，同姓不能结婚。鲁昭公显然违背了周礼。按当时的礼制，国君夫人称号一般是她生长之国名加她的姓，如果这样，那鲁昭公的夫人就应该叫"吴姬"。可这明显地说明了夫人和国君同姓，等于告诸天下昭公违背了周礼。于是鲁昭公就叫夫人"吴孟子"。有一天，陈司败拿这个问题问孔子，"鲁昭公懂不懂礼？"孔子多么聪明的一个人，马上回答"知礼"。孔子走了之后，陈司败就对孔子的学生巫马期说："我听说君子不会偏袒人的，你老师怎么偏袒人呢？鲁昭公的这个做法明显不符合礼，他要是懂礼，还有谁不懂得礼呢？"巫马期下来后就把陈司败的这番话转告给孔子。孔子听了之后，说道："丘也幸，苟有过，人必知之。"①孔子言下之意，幸亏自己没有在陈司败面前说鲁昭公不懂礼，否则，全天下人都知道自己在背后说国君的不是。

"来说是非者，便是是非人。"爱背后说人的人，自己一般也好不到哪里去。子曰："道听而涂说，德之弃也。"②到处嚼舌根说别人是非的行为，是会被道德所唾弃的。《论语》记载子贡喜欢评论别人的短处。孔子批评他："赐也贤乎哉？夫我则不暇。"③你就那么有本事吗？我可没这闲功夫去评论别人。《孔子家语》里面也有类似记载，孔子曰："吾死之后，则商也日益，赐也日损。"曾子曰："何谓也？"子曰："商也好与贤己者

---

① 《论语·述而》，《论语译注》（杨伯峻译注），中华书局，2006年版，第85页。

② 《论语·阳货》，《论语译注》（杨伯峻译注），中华书局，2006年版，第210页。

③ 《论语·宪问》，《论语译注》（杨伯峻译注），中华书局，2006年版，第175页。

处，赐也好说不若己者。"①孔子说他死了之后，卜商（即子夏）会越来越进步，而端木赐（即子贡）会越来越退步。曾子不解，问为什么。孔子说卜商喜欢与比自己贤能的人相处，而端木赐喜欢谈论那些不如自己的人。

实际上，爱说别人是非的人，大都遭人厌烦。《论语》记载，子贡问孔子有憎恨的事吗？孔子说："有恶：恶称人之恶者，恶居下流而讪上者，恶勇而无礼者，恶果敢而窒者。"②在此，第一就是憎恨一味传播别人坏处的人，然后就是憎恨在下位而毁谤上级的人。

"言人之不善""称人之恶"不可为，如果一个人能以宣传别人的好处为快乐，那是最好不过了。孔子曰："益者三乐，损者三乐。乐节礼乐，乐道人之善，乐多贤友，益矣。乐骄乐，乐佚游，乐晏乐，损矣。"③有益的快乐有三种：以得到礼乐的调节为快乐，以宣扬别人的好处为快乐，以交了不少有益的朋友为快乐。

8. 爱人者人恒爱之，敬人者人恒敬之

【原文】

孟子曰："君子所以异于人者，以其存心也。君子以仁存心，以礼存心。仁者爱人，有礼者敬人。爱人者，人恒爱之；敬人者，人恒敬之。"④

【大意】

孟子说："君子之所以不同于普通人，就是因为其所存的心不一样。君子把仁存于心，把礼存于心。心中有仁的人爱别人，心中有礼的人能尊敬别人。爱别人的人，别人也能经常爱他；尊敬别人的人，别人也经常尊敬他。

【随笔】

孟子认为人和禽兽的不同就在于人有仁义之心。"人之所以异于禽兽者几希，庶民去之，君子存之。舜明于庶物，察于人伦，由仁义行，非

---

① 杨朝明，宋立林.《孔子家语通解》，齐鲁书社，2013年版，第187页。

② 《论语·阳货》，《论语译注》（杨伯峻译注），中华书局，2006年版，第214页。

③ 《论语·季氏》，《论语译注》（杨伯峻译注），中华书局，2006年版，第198页。

④ 《孟子·离娄下》，《孟子译注》（杨伯峻译注），中华书局，2008年版，第152页。

行仁义也"。人之所以不同于禽兽的地方只有那么一点点，普通人丢弃了它，君子保存了它。舜懂得事物的道理，了解人类的常情，于是发自内心自觉地遵仁义而行，而不是带着功名心把仁义当工具去推行。德行高尚的人与普通人的区别就在于他内心坚守了仁义，而普通人或多或少丢弃了它。孔子谈到颜回时说"回也，其心三月不违仁，其余则日月至焉而已矣"。[1]颜回的内心能长久地坚守仁德，其他人，不过是偶然想起来一下罢了。

所以，做人要知仁，待人要以礼。你对别人的态度决定了别人对你的态度。

9. 君子可欺不可罔

【原文】

故君子可欺以其方，难罔以非其道。[2]

【大意】

孟子说可以用合乎情理的方法欺骗君子，但不能用违背常理的手段愚弄他。

【随笔】

《论语》里有个小故事。宰我对施行仁德有怀疑，就问孔子："有仁德的人，假如告诉他，'井里掉下一个人。'他会不会跳下去救呢？"孔子问他："何为其然也？君子可逝也，不可陷也；可欺也，不可罔也。"[3]你为什么要这样做呢？你可以叫君子远远走开不再回来，却不可以陷害他；可以欺骗他，却不可以愚弄他。

此处本是孟子与万章的对话。舜的父亲、弟弟不喜欢舜，逮着机会就害他，但舜仍然恪守道德。万章由此问孔子，舜是不是装出来的？孟子不同意万章的说法，他认为舜是真诚地相信了父亲和弟弟事后的解释，或许舜的父

---

① 《论语·雍也》，《论语译注》（杨伯峻译注），中华书局，2006年版，第64页。

② 《孟子·万章上》，《孟子译注》（杨伯峻译注），中华书局，2008年版，第162页。

③ 《论语·雍也》，《论语译注》（杨伯峻译注），中华书局，2006年版，第70页。

亲和弟弟是在骗取舜的信任，但不等于舜也是装的，因为他恪守正道，总能从好的方面对待他人，所以他或许会被一些合乎情理的言行所蒙蔽，但不代表他不聪明。

所以呀，与人相处，一定不要把别人当傻子——君子可欺不可罔！

10. 听其言，观其眸

【原文】

孟子曰："存乎人者，莫良于眸子。眸子不能掩其恶。胸中正，则眸子了焉；胸中不正，则眸子眊焉。听其言也，观其眸子，人焉廋哉？"[①]

【大意】

孟子说："观察一个人，没有比观察他的眼睛更好的了。因为一个人的眼睛不能掩盖他的丑恶。心正，眼睛就明亮；心不正，眼睛就昏暗。听一个人说话时，注意观察他的眼睛，这个人的内心善恶又能隐藏到哪里去呢？"

【随笔】

眼睛是心灵的窗户，内心端正，眼神自然就坦荡明亮。内心有鬼，眼神难免就会躲躲闪闪。所以，孟子提出，听其言，观其眸。

不管听其言观其眸是否有科学依据，现实生活中人们的确经常这么做。所以沟通理论指出，我们与人沟通时眼睛要看着对方眼睛以示真诚。说话时敢正视别人眼睛的人内心不一定正，但不敢正视别人的人，内心多少有点名堂（或不够自信或有着不同平凡的经历或有鬼心虚）。

所以，这段话对我的启示是：做人内心要正，这样与人交流时眼神就能坦荡了。

① 《孟子·离娄上》，《孟子译注》（杨伯峻译注），中华书局，2008年版，第133页。

第九章 察人交友

11. 好名之人，能让千乘之国，苟非其人，箪食豆羹见于色

【原文】

孟子曰："好名之人能让千乘之国，苟非其人，箪食豆羹见于色。"[①]

【大意】

孟子说："喜好名声的人能把有千乘兵车国家的王位让给别人，如果不是这样的人，即便是叫他让出一碗饭、一碗汤，他也会表现出不高兴的神情。"

【随笔】

一个人是什么样的人，我们通过他的言行是能看出来的。比如，生活之中多数情况下，大方的人什么都大方，小气之人总是一毛不拔。

[①] 《孟子·尽心下》，《孟子译注》（杨伯峻译注），中华书局，2008年版，第258页。

第十章　治教治学

孟子继承并发扬儒家重视教育事业的优良传统，一生以教师为职业，情系教育、忠于教育，以"得天下英才而教育之"为人生最大乐事，坚韧执着，无怨无悔，从而以一个伟大的教育家名垂青史，为我们留下了宝贵的教育思想。

1. 君子有三乐

【原文】

孟子曰："君子有三乐，而王天下不与存焉。父母俱存，兄弟无故，一乐也；仰不愧于天，俯不怍于人，二乐也；得天下英才而教育之，三乐也。君子有三乐，而王天下不与存焉。"[①]

【大意】

孟子说："君子有三种乐趣，但称王天下不在这当中。父母都健在，兄弟无变故，这是第一种乐趣；抬头无愧于天，低头无愧于人，这是第二种乐趣；得到天下的优秀人才并教育他们，这是第三种乐趣。君子有这三种乐趣，但称王天下不在这当中。"

---

① 《孟子·尽心上》，《孟子译注》（杨伯峻译注），中华书局，2008年版，第240页。

【随笔】

这三种乐趣，第一种是天意，是为人子女、为人兄弟的天伦之乐；第二种在于自我修身，是为人坦荡之乐；第三种在乎他人，是为师者之乐。这三种乐趣与"王天下"相比，都是一种平淡但不平凡、平安但不平庸的乐趣，值得每个人追求。"王天下"不是每个人都能做到，但这三种乐趣，只要自己愿意，就能做到：第一种，有孝悌之心就可以；第二种，有仁义忠信之心就可以；第三种，有诲人不倦之心就可以。

正是认识到了教育不仅肩负着培养人才的重任，还肩负着传承和创造文化的职责，所以，孟子把为师与享受天伦、人格修养相提并论，终生没有放弃教师这个职业。这种职业担当值得我们学习。

2. 教者必以正

【原文】

公孙丑曰："君子之不教子，何也？"

孟子曰："势不行也。教者必以正；以正不行，继之以怒。继之以怒，则反夷矣。'夫子教我以正，夫子未出于正也'，则是父子相夷也。父子相夷，则恶矣。古者易子而教之，父子之间不责善。责善则离，离则不祥莫大焉。"[①]

【大意】

公孙丑问："君子不亲自教育儿子，为什么呢？"

孟子说："这是因为在情势上行不通。教育一定要用正理正道，用正理正道没有成效就会发怒。一发怒，就伤感情了。儿子会说'父亲用正理正道教我，可您自己却不按正理正道来做'，这样父子之间就伤了感情。父子之间互相伤了感情，关系就会恶化。古时候人们交换儿子来教育，使父子之间不因求好而互相责备。求其好而相责备就会使父子间产生隔阂，父子间一旦有隔阂，那是最不好的事。"

---

① 《孟子·离娄上》，《孟子译注》（杨伯峻译注），中华书局，2008年版，第134页。

【随笔】

孟子认为："责善，朋友之道也；父子责善，贼恩之大者。"①以善相责，是交友之道；父子间以善相责，最伤害感情。所以古人不主张亲自教育自己的儿子，以避免父子之间"责善"带来的不良后果。

这一方面是"父为子隐，子为父隐"的人伦要求，一方面是"教者必以正"，所以"易子而教"有其合理性。当今社会也还存在"清官难断家务事"的现象，一些官员面对自己的家人、孩子就失去了应有的原则。但我认为"古者易子而教之"并不是否认家庭教育的重要性，而是说明家庭教育和学校教育不同。中国自古就有重视家庭教育、形成良好家风的传统。有"三迁其居""断机杼"的孟母，还有孟子之前"择良定居、亲临授教"的孔子母亲颜征在，有在儿子背上刺字使其永以报国为志的岳母姚氏。再有，毛泽东从父亲那里得来的棱角和阳刚之气、从母亲那里得来的谦和温厚之情为他日后成就伟业奠定了重要基础，习近平同志在父亲的影响下形成了勤俭节约的家风，在父母的教育下涵养了做人的气节和骨气。这些无不说明父母是孩子的第一任老师。如果孩子缺少良好的家庭教育，孩子的成长就缺了点"营养"。

无论是家庭教育还是学校教育，都要用正理正道。因为只有懂得了正理正道，我们才能应对各种歪门邪道的侵袭，才能有辨别能力。当然，作为教师或家长，面对歪门邪道的侵袭时，我们自己要能够用正理正道反击，这就要求不仅要传道，还要解惑。

无论是教师还是家长，一定要先加强自我教育。如果我们自己不能按自己所讲的正理正道去行事，说的是一套，做的又是一套，那学生和孩子就不会信服于我们的。要知道，反面的侵蚀往往比正面灌输发挥作用更快，产生怀疑比建立信任所需的时间要短得多。

无论是对学生，还是对孩子，教师要有耐心，不要没见成效就发怒。耐心能让爱心落到实处，取得成效。

---

① 《孟子·离娄下》，《孟子译注》（杨伯峻译注），中华书局，2008年版，第154页。

教育离不开沟通，而与人沟通大有学问。朋友可以也应该有所选择，所以可以求其好而相责备；而父子关系是无法选择的，所以父子之间不能求其好而相责备。这就启示我们在处理不同的人际关系时，要善于运用不同的准则。比如，与老人沟通，不要忘了他的自尊；与男人沟通，不要忘了他的面子；与女人沟通，不要忘了她的情绪；与上级沟通，不要忘了他的尊严；与年轻人沟通，不要忘了他的简单；与儿童沟通，不要忘了他的天真。

3. 博学反约

【原文】

孟子曰："博学而详说之，将以反说约也。"①

【大意】

孟子说："广博地学习，详细地解说，在融会贯通以后回到最简明扼要的地步。"

【随笔】

博学详说不是为了炫耀渊博，故作深刻，而是为了深入浅出阐明道理。我们只有博学多识，并深入探讨，达到融会贯通，才能抓住学问的本质和核心，达到言简意赅地阐明道理，一针见血地解决问题的程度。所以，博学是手段，是为了加深理解。"反约"也就是归于简约才是目的，它是指在理解的基础上抓住学问的要点。

教师要想做到简约，首先必须博学。教师要想在给学生讲解时能让学生比较容易地把握问题的关键、抓住课堂的重点，就必须广博寻学，对要讲的内容学之深、知之透，否则就只能是"照本宣科"，当一个"教材复读机"。而博学是为了"反约"，博学之后一定要"反约"，只有达到"约"的境界，博才能发挥真正的作用，否则，博只是无系统的大杂烩而已。虽然博学但不能"反约"的教师，其课堂就会像茶壶里煮饺子一样——倒不出来。看看如今的一些社会科学类文章，新词汇不可谓不多，"学术气"不可

---

① 《孟子·离娄下》，《孟子译注》（杨伯峻译注），中华书局，2008年版，第145页。

谓不足，长篇大论不可谓不博，但读者就是读不懂。这就不能叫"博学反约"了。

有些学者说学术文章是写给学术界看的，博士论文至少要副教授以上的人才能看懂，否则就没有学术性。我曾经也尝试如此，但苦于学问不到家，总觉得自己的文章大白话太多。北京大学潘维教授在《士者弘毅》一书中讲他的导师曾对他说："社会科学作品与自然科学不同，是要给大众读的。大众读得懂的文章，才是好文章。大众读着明白顺畅的文章，是最好的文章。老师告诉我：博士论文，应当让你没念过政治学的妈妈也能流利地阅读。"①我一下子感觉遇到了知音，也为自己写不出"学术味"的文字找到了"借口"。

4. 君子之所以教者五

【原文】

孟子曰："君子之所以教者五：有如时雨化之者，有成德者，有达财者，有答问者，有私淑艾者。此五者，君子之所以教也。"②

【大意】

孟子说："君子用以教育的方法有五种：有像及时雨那样随时点化别人的，有成全别人德行的，有培养别人才能的，有解答别人疑问的，有以自己的流风余韵让后人学习的。这五种便是君子教育的方法。"

【随笔】

如时雨化之者——潜移默化、润物无声；成德者——传道；达财者——授业；答问者——解惑；私淑艾者——为人师表，以自己的品德、善行、学问等使后人学习，这是一个非常高的为师境界。

"私淑"即私下拾取，意思就是未能直接拜师，但又非常敬慕，所以只能私下效仿学习别人。孟子就以孔子的"私塾弟子"自称，他说自己没能成为孔子的门徒，只是私下效仿学习孔子而成为他的弟子的。"君子之泽五世

① 潘维，《士者弘毅》，中国人民大学出版社，2019年版，第9页。
② 《孟子·尽心上》，《孟子译注》（杨伯峻译注），中华书局，2008年版，第250页。

而斩，小人之泽五世而斩。予未得为孔子徒也，予私淑诸人也"。①不管是君子的恩泽风范，还是小人的影响，五代之后都会灰飞烟灭。孟子作为孔子非正式的门徒仍然坚守并发扬着孔子之道，体现的是孟子的使命担当。也正是他的坚守，让他以"亚圣"的光辉成为后人的"私淑艾者"。

5. 教亦多术，不教亦教

【原文】

孟子曰："教亦多术矣，予不屑之教诲也者，是亦教诲之而已矣。"②

【大意】

孟子说："教育也有多种方法，我不屑于去教诲他，也是一种教诲。"

【随笔】

孟子的意思是说，不屑去教诲，如果他能因此而感悟，迎头赶上，不也起到了教诲的作用吗？如果他不能感悟，那讲得再多也不起作用。

孔子也有这样做过。"儒悲欲见孔子，孔子欲以疾。将命者出户，取瑟而歌，使之闻之"。③儒悲想见孔子，孔子托言有病拒绝接待。传话的人刚出房门，孔子便把瑟拿下来弹，并且唱着歌，故意让儒悲听到。孔子故意让儒悲知道自己没有病，只是不愿意见他，这样的不屑可以让他知难而退。

"宰予昼寝。子曰：'朽木不可雕也，粪土之墙不可圬也，于予与何诛？'"④宰予能说会道，孔子一直认为宰予是一个品学兼优的好学生。有一天，宰予大白天睡觉被孔子发现了。孔子非常生气，说："腐烂了的木头不能雕刻，粪土污秽了的墙壁不能粉刷。对宰予，我没什么好责备的了。"孔子说对宰予没什么好责备的，其实正是最严厉的责备。

这是《论语》记载的孔子"不屑之教"的两个例子。其中，儒悲有没有意识到孔子的意图，我未能考证。但宰予后来做了齐国的临淄大夫，而且

---

① 《孟子·离娄下》，《孟子译注》（杨伯峻译注），中华书局，2008年版，第148页。

② 《孟子·告子下》，《孟子译注》（杨伯峻译注），中华书局，2008年版，第232页。

③ 《论语·阳货》，《论语译注》（杨伯峻译注），中华书局，2006年版，第212页。

④ 《论语·公冶长》，《论语译注》（杨伯峻译注），中华书局，2006年版，第50页。

是"孔门十杰"①之一，被孔子许为其"言语"科的高才生，排名在子贡前面。宰予应该是意识到了孔子当初对他的"不教而教"，并且是因羞愧而奋发向上了的。所以"不屑之教"的奥妙在于——不屑于教诲他，是让他羞愧而奋发向上。

不过，任何教育方法都要因人而异。有些人比较敏感，悟性也不怎么好，"不屑之教"对他们可能起不到作用，甚至会起反作用，正所谓"教学有法，教无定法，各有各法，贵在得法"：作为教师，我们没有权利去选择适合我们教育的学生，而只能选择适合学生的教育；我们不能要求学生都来适应教师的教法，而只能让教师的教法尽可能地去适应每一位学生。

6. 以其昭昭使人昭昭

【原文】

孟子曰："贤者以其昭昭使人昭昭，今以其昏昏使人昭昭。"②

【大意】

孟子说："贤能的人教导别人，必先使自己彻底明了，然后才能使别人明白；今天的人教导别人，自己还模模糊糊，却想用这些模模糊糊的东西去使别人明白。"

【随笔】

我们要让别人明白，首先自己要明白；如果自己都稀里糊涂，就不可能让别人明白。教育者先受教育。对教师来讲，就是"给学生一碗水，自己要有一桶水"，如果这桶水不能经常补充，就会被舀干。因此，教师必须坚持学习，不断开拓自己的知识面和实践能力，不断弄清新问题，才能"自有源头活水来"，使自己的小"桶"不会枯竭。

教师如此，家长亦如此；领导者亦有"为师"之职责，也应如此。

---

① "孔门十杰"分别是——颜渊、闵子骞、冉伯牛、仲弓、宰予、子贡、冉有、季路、子游、子夏。见《论语·先进》，《论语译注》（杨伯峻译注），中华书局，2006年版，第125页。

② 《孟子·尽心下》，《孟子译注》（杨伯峻译注），中华书局，2008年版，第261页。

7. 引而不发

【原文】

公孙丑曰："道则高矣，美矣，宜若登天然，似不可及也；何不使彼为可几及而日孳孳也？"

孟子曰："大匠不为拙工改废绳墨，羿不为拙射变彀率。君子引而不发，跃如也。中道而立，能者从之。"①

【大意】

公孙丑问："道是崇高的、完美的，几乎像登天一样，似乎不可企及；为什么不使它能够攀及而让人能每天都去孜孜以求呢？"

孟子说："高明的工匠不会为了拙劣的徒工而更改或废弃规矩，羿也不会因为射手拙劣变更拉弓的标准。君子教导别人就像射手教人射箭一样，搭上箭拉满弓并不把箭发出去，只是示范性地做出跃跃欲试的姿势。他在正确道路之中站住，有能力的便跟随着来。"

【随笔】

教育别人要引导而不是直接说出结果。这是一种启发式教育，有利于调动学习者的积极性，提高学习者独立思考的能力。子曰："不愤不启，不悱不发。举一隅不以三隅反，则不复也。"②孔子说："教导学生，不到他冥思苦想也想不明白的时候，不去开导他；不到他想到了却说不出的时候，不去启发他。教给他东方，他却不能由此推知西、南、北三方，便不再教他了。"

此外，教育者不能因为受教育者的才能高下而改变标准，要做的是调动受教育者的主观能动性，让他能在教育者的启发下达到标准。孟子和孔子一样，都比较注重启发式教育。由于启发式教育离不开学习者的学习主动性，因此，教育者要调动受教育者开动脑筋，就要把握教育时机，只有在他们冥

---

① 《孟子·尽心上》，《孟子译注》（杨伯峻译注），中华书局，2008年版，第251页。

② 《论语·述而》，《论语译注》（杨伯峻译注），中华书局，2006年版，第77页。

思苦想、欲言而不能言、举一反三之后才去启发、开导，而不是一味地灌输，或是因为受教育者水平还不够就降低标准。

8. 拔苗助长——非徒无益，而又害之

【原文】

必有事焉，而勿正，心勿忘，勿助长也。无若宋人然：宋人有闵其苗之不长而揠之者，芒芒然归，谓其人曰："今日病矣！予助苗长矣！"其子趋而往视之，苗则槁矣。天下之不助苗长者寡矣。以为无益而舍之者，不耘苗者也；助之长者，揠苗者也——非徒无益，而又害之。[1]

【大意】

这仍是孟子与公孙丑对话的一部分。孟子告诉公孙丑：要把义看成是心内之物，培养它。做事情的时候要坚持下去，不要半途而止。时时刻刻记住它，但是也不能违背规律借助外力帮助它成长，不要像宋人那样。宋国有个人担心他的禾苗长不快就去把它拔高了些，十分疲倦地回到家，告诉家里人说："今天我累坏了，我帮助禾苗长高了。"他的儿子赶快跑去一看，禾苗都枯萎了。其实天下不帮助禾苗生长的人是很少的。以为帮助没有什么益处而放弃的人，就是种庄稼不锄草松土的懒汉；违背规律帮助禾苗生长的人，就是拔苗的人。他们这种拔苗助长的行为，不但不会给禾苗带来好处，反而会伤害禾苗。

【随笔】

任何事物的成长都有其自身规律，这些规律不以人们的意志为转移。人们只能认识它、遵循它、利用它，不能违背它、改变它。有些人面对规律不去作为就是"不耘者"，而有些人一厢情愿不顾规律甚至违背规律，即使有善良的愿望、美好的动机，结果也只能是"拔苗助长"，适得其反。正所谓"欲速则不达""心急吃不了热豆腐"。

成语"拔苗助长"比喻有些人不管事物的发展规律，强求速成，反而把

---

① 《孟子·公孙丑上》，《孟子译注》（杨伯峻译注），中华书局，2008年版，第47页。

事情弄糟。所以我们要遵循事物的发展规律去发挥自己的主观能动性，这样才能把事情做好。

比如，有些家长从小就给孩子安排过多的兴趣班、学习班，使孩子的美好的童年都毁在兴趣班来回的路上。如果小孩认为"有一种冷，是妈妈觉得我冷"，那家长的行为就是拔苗助长的行为。而"放羊"式的教育，则是种庄稼不锄草松土的懒汉式教育。前者是过，后者不及，过犹不及。

9. 大匠诲人必以规矩，学者亦必以规矩

【原文】

孟子曰："羿之教人射，必志于彀；学者亦必志于彀。大匠诲人必以规矩，学者亦必以规矩。"①

【大意】

孟子说："羿教人射箭，一定拉满弓；学射箭的人也一定努力拉满弓。大匠教人必定依循规矩，学习的人也一定要依循规矩。"

【随笔】

教与学都必须有标准，严格要求。所谓标准、要求就是孟子所说的"规矩"。

10. 能与人规矩，不能使人巧

【原文】

孟子曰："梓匠轮舆能与人规矩，不能使人巧。"②

【大意】

孟子说："制造车轮、车厢的工匠能把制作的规矩传授给别人，却不能使别人一定具有高明的技巧。"

【随笔】

规矩可以传授，技巧则要自己通过努力练习才能获得。"师傅领进门，

---

① 《孟子·告子上》，《孟子译注》（杨伯峻译注），中华书局，2008年版，第211页。

② 《孟子·尽心下》，《孟子译注》（杨伯峻译注），中华书局，2008年版，第256页。

修行在个人"，学问的初步境界可以由教师来引导，但其进一步的高深境界要靠自己钻研领悟，老师无法言传。

11. 待时而动、事半功倍

【原文】

齐人有言曰："虽有智慧，不如乘势；虽有镃基，不如待时。"……当今之时，万乘之国行仁政，民之悦之，犹解倒悬也。故事半古之人，功必倍之，惟此时为然。[①]

【大意】

孟子同公孙丑讨论君王行仁政及其时机问题，孟子先是引用了齐国的一句俗语："虽然聪明，还得乘势而为；虽然有锄头，还得等农时。"然后接着说，现在这个时候，拥有一万辆兵车的大国施行仁政，老百姓的高兴就像被吊着的人得到了解救一样。所以，花古人一半的力气，就可以成就古人双倍的功绩，只有在这个时候才做得到。

【随笔】

孟子认为，从社会局势发展和民众渴望的心情来看，处在暴政横行的时代，所以反而是行仁政的大好时机。只要国君能不失时机地行仁政，解民于倒悬，救民于水火，必定是作古人一半的事，获得比古人多一倍的功效，即万民拥护、国泰民安的有序局面就可以形成了。

"时"就是时间、时机。"待时而动、事半功倍"就是说要掌握时机与机遇，才能收到事半功倍的效果，达到自己预定的目的。无论是工作还是生活中，具体到一个单位或一个人，要获得某种成功，就不可不审时度势，待时而动。

机遇看似人人均等，但实际上并不是每个人都能抓住它，正所谓"上等人创造机遇、中等人等待机遇、下等人浪费机遇"。因为机遇只偏爱有准备的头脑，所以只有平时坚持修养自己、充实自己的人，才能在机会降临之时

---

① 《孟子·公孙丑上》，《孟子译注》（杨伯峻译注），中华书局．2008年版，第43页。

敢于和善于抓住并利用机会，干出一番事业来。

12. 学贵自得

【原文】

孟子曰："君子深造之以道，欲其自得之也。自得之，则居之安；居之安，则资之深；资之深，则取之左右逢其原，故君子欲其自得之也。"①

【大意】

孟子说："君子依循正确的方法对学问进行高深地研究，是希望自己能自觉地求得学问。自己自觉地求得的学问，就能牢固地掌握它；牢固地掌握它，就能积蓄很深；积蓄很深，便能得心应手地运用，取之不尽，左右逢源。所以君子都是想要自觉地求得学问。"

【随笔】

一句话，我们提高学问、修养，要主动自觉；只有主动自觉，才能形成自己的见解，有自己独特的心得。

13. 若夫豪杰之士，虽无文王犹兴

【原文】

孟子曰："待文王而后兴者，凡民也。若夫豪杰之士，虽无文王犹兴。"②

【大意】

孟子说："一定要等到周文王出来后才奋发的人，是一般老百姓。至于出色人才，纵使没有周文王，也能奋发起来。"

【随笔】

前些年，我在一所新建高职院校工作。刚去的时候，在教师座谈会中了解到一些青年教师对科研不是很重视，就问他们为什么不能搞科研，以便更好地促进教学？教师们告诉我，学校没有这个氛围！要是学校能出台科研奖

---

① 《孟子·离娄下》，《孟子译注》（杨伯峻译注），中华书局，2008年版，第145页。
② 《孟子·尽心上》，《孟子译注》（杨伯峻译注），中华书局，2008年版，第236页。

励办法，大家就有搞科研的积极性了。

实际上，教学、科研都是教师分内之事。搞好科研促教学，这是每个高校老师自身发展的需要，而不是为了得到奖励。学校出台奖励办法固然能激励老师产出更多的高质量的成果，但那些非要有奖励才去做科研的人，他在个人发展方面难免会落后于那些在搞科研方面主动性强的教师。我并没有批评教师，而是组织相关职能部门开展调研、起草激励政策。当年，学校就出台了科研奖励办法和各岗位教师发展基本要求，那些从自身发展出发早就主动搞科研的教师不仅得到了一笔看似意外但属于应得的收入，还在后面的职称晋升、评先评优中拔得头筹，成为学校骨干中的骨干。

所以，优秀的人才与普通人的不同之处在于，前者主动作为，不需要别人的激励就能自觉奋发，后者非要等有政策了、条件到位了才去努力，就只能跟在别人后面。

14. 欲当大任，必劳心骨

【原文】

孟子曰："舜发于畎亩之中，傅说举于版筑之间，胶鬲举于鱼盐之中，管夷吾举于士，孙叔敖举于海，百里奚举于市。故天将降大任于斯人也，必先苦其心志，劳其筋骨，饿其体肤，空乏其身，行拂乱其所为，所以动心忍性，曾益其所不能。"[1]

【大意】

孟子说："舜是在历山耕地被尧起用而发迹的，傅说是从筑墙的苦役中被提拔的，胶鬲是从贩卖鱼盐的行业中被举荐上来的，管夷吾是从狱官的手里被释放而提拔出来的，孙叔敖是在海边偏远的地方起用的，百里奚是从交易场所赎买上来的。所以，上天要让某个人担负重任，必定先磨砺他的心志，劳累他的筋骨，饥饿他的肌体，穷困他的身子，使他的每一行为总是不能如意，以此来触动他的内心，使他的性格坚韧，增加他的能力。"

① 《孟子·告子下》，《孟子译注》（杨伯峻译注），中华书局，2008年版，第231页。

第十章 治教治学

【随笔】

这也是《孟子》中的名篇，成为后人用以自励的名言。无数历史人物的经历都告诉我们：要想取得成就，就不要逃避厄运与逆境，要勇于向它们挑战，因为它们可以教会我们许多在顺境与正常条件下永远也学不到的东西。

15. 行之而不焉，习矣而不察焉，终身由之而不知其道者，众也

【原文】

孟子曰："行之而不著焉，习矣而不察焉，终身由之而不知其道者，众也。"①

【大意】

孟子说："实行了却不明其所以，习惯了却不知其究竟，终身在遵循却不知其道理，这是一般的人。"

【随笔】

孟子认为，大多数人都有仁爱之心，只是自己没有察觉，所以虽能不自觉地按照"大道"行事但却不明白其中的道理，这既说明人人都能知"道"，也说明大多数人还必须加强自身修养，提高终身学习的自觉性。正如前面讲过的"求则得之，舍则失之"一样。

16. 智圣合一

【原文】

孔子之谓集大成。集大成也者，金声而玉振之也。金声也者，始条理也；玉振之也者，终条理也。始条理者，智之事也；终条理者，圣之事也。智，譬则巧也；圣，譬则力也。由射于百步之外也，其至，尔力也；其中，非尔力也。②

---

① 《孟子·尽心上》，《孟子译注》（杨伯峻译注），中华书局，2008年版，第234页。
② 《孟子·万章下》，《孟子译注》（杨伯峻译注），中华书局，2008年版，第180页。

【大意】

孟子说，孔子可以被称为是集大成者。所谓集大成的意思，就好比演奏音乐时敲钟起音、击磬收尾一样。敲起钟声是节奏格律的开始；击磬收尾是节奏格律的终结。掌握节奏格律的开始，得靠人的智慧；坚持节奏格律的终结，得靠人的圣明。智好比技巧，圣好比力量。这就像弓箭手百步之外射箭，射到目的地，是靠力量；射中靶子，却不仅仅靠力量，还得靠技巧。

【随笔】

智指智慧、技巧、知识；圣好比力气。智、圣兼具，即为集大成。关于这两者的关系，孟子举了两个例子。比如，演奏家奏乐时需要把握个人智与圣的作用。比如，弓箭手射箭仅有力气不行，仅有技巧也不行，必须智圣合一。

今天，智与圣的关系已被引申为才与德的关系，我们既要重视道德，也要重视知识，使自己德才兼备。

17. 善思则得

【原文】

公都子问曰："钧是人也，或为大人，或为小人，何也？"

孟子曰："从其大体为大人，从其小体为小人。"

曰："钧是人也，或从其大体，或从其小体，何也？"

曰："耳目之官不思，而蔽于物。物交物，则引之而已矣。心之官则思，思则得之，不思则不得也。此天之所与我者。先立乎其大者，则其小者弗能夺也。此为大人而已矣。"[①]

【大意】

公都子问："同样是人，有些人是君子，有些人是小人，这是为什么呢？"

孟子说："顺从大体的是君子；顺从小体的是小人。"

① 《孟子·告子上》，《孟子译注》（杨伯峻译注），中华书局，2008年版，第208页。

第十章 治教治学

公都子说："同样是人，有人顺从大体，有人顺从小体，又是什么缘故？"

孟子说："人的耳朵、眼睛这类器官不会思考，因而会被外物所蒙蔽，它们一接触外物，便被引向迷途。心这个器官的功能是思考，思考就会有所得，不会思考便无所得。这个器官是上天特意赋予我们人类的。因此，这是重要器官，是大体，先把它树立起来，那么次要的器官就无法与它争夺了。这样就成了君子。"

【随笔】

人能追求善性即为识大体，只求满足感官欲望为识小体。识大体者顾全局，一般不会被细枝末节所羁绊，所以给人坦荡、豁达的感觉；识小体者顾不到大局，所以关注的都是鸡毛蒜皮、芝麻大的小事（当然这些人自己可能不会这么认为，他们一般会认为自己关注的都是大事，都很重要），经常在一些具体问题、细节上纠缠不休，给人一种斤斤计较、心胸狭窄的感觉。君子与小人的区别表现在行为方式上，但区别却在心智模式——识大体者做事之前往往会先想好为什么要做、如何去做、做到什么程度，在行动中总有一个理念原则在指导，因而能灵活应变；识小体者往往是只知道做，却不知道为什么要这么做，因为没有理念和原则的指导，只知道就事论事，所以一遇到问题就会困惑，不知道该怎么办，不知道该不该变通、该如何变通，于是也就不会变通。

多说一句，如今一个比较有意思的现象，人要做到识大体，用心学习、善于动脑是不可缺少的条件。善于动脑就是要勤于思考、善于思考，学思结合，才能真正理解知识的内在联系，把握事物的本质。子曰："学而不思则罔，思而不学则殆。"[1]一个人只是读书，却不思考，就会受骗；一个人只是空想，却不读书，就会缺乏信心。

说句题外话，一个比较有意思的现象，如今我们都知道，人脑是主管思考问题的，是意识产生的器官。可是，过去由于科学不发达，人们都以为心

---

[1] 《论语·为政》，《论语译注》（杨伯峻译注），中华书局，2006年版，第18页。

脏是人的思维器官（此处孟子也是这么认为的），所以中国古代，凡是与人的思想、意念、情感等有关的字都从"心"旁（包括竖心旁和心字底），把人的情感、思维活动归结为心理活动。研究心理活动发生发展及其规律的科学也被称为心理学。

18. 挟贵而问，挟贤而问，挟长而问，挟有勋劳而问，挟故而问，皆所不答也

【原文】

公都子曰："滕更之在门也，若在所礼，而不答，何也？"

孟子曰："挟贵而问，挟贤而问，挟长而问，挟有勋劳而问，挟故而问，皆所不答也。滕更有二焉。"[①]

【大意】

公都子说："滕更在您门下的时候，似乎应该在以礼相待之列，可是您却不回答他的问题，这是为什么呢？"

孟子说："倚仗着自己的显贵而问，倚仗着自己的能干而问，倚仗着自己年纪大而问，倚仗着自己有功劳而问，倚仗自己是老交情而问，都是我所不回答的。滕更在其中占了两条。"

【随笔】

求学、求教一定要诚心诚意，尤其是尊问卑、上问下、贤问不肖、老问少、能问不能，一定要做到谦虚、诚心，不耻下问。

19. 好为人师则患

【原文】

孟子曰："人之患在好为人师。"[②]

【大意】

孟子说："人们的毛病，在于总喜欢当别人的老师。"

---

① 《孟子·尽心上》，《孟子译注》（杨伯峻译注），中华书局，2008年版，第251-252页。

② 《孟子·离娄上》，《孟子译注》（杨伯峻译注），中华书局，2008年版，第137页。

【随笔】

这不是说当老师的人不好，而是说做人包括当老师不能骄傲自满，缺乏自知之明，喜欢对别人指指点点，好像自己什么都懂、都对似的。现实中最容易被人讨厌的行为，就是"好为人师"。因为当我们有机会帮助别人时，我们内心对于显露才华的冲动会十分强烈。

术业有专攻。学问再深厚的人也会有自己不知道的地方，这是其一；其二，将心比心，又有谁喜欢别人对自己指指点点呢？所以，那种不懂得谦虚，以为自己什么都懂、遇事喜欢当别人老师的人，极易引起别人的厌恶与反感。因此，无论何时何地，我们都要谦虚谨慎，坚持学习，自觉克服好为人师这种不明智的毛病。

曾子曰："以能问于不能，以多问于寡；有若无，实若虚，犯而不校——昔者吾友尝从事于斯矣。"[1]曾子说："有能力却向没能力的人请教，知识丰富却向知识少的人请教；有学问像没学问一样，满腹知识像空无所有一样；纵被欺侮，也不计较——从前我的一位朋友就曾这样做了。"后人一般认为，这里的"朋友"指的是颜渊。颜渊的这种谦虚不自满的态度、宽阔的胸怀和忍让精神非常值得我们学习。

大多数人都有这种体会——明明知道对方说的有道理，可就是不愿意接受。为什么？因为受不了对方说话时的神态、语气，也就是说话的方式。例如，"我明白了，你应该这样做""这事很简单，这么办就行了""我给你讲一讲，我以前遇到类似情况是这样处理的"虽说我们是出于好心分享经验，但此时彰显自己的优秀，一下子让别人变"矮"了，会让好面子的人觉得没面子。中国人最爱面子，所以当别人带着"客气"来"请教"时，一定要给对方面子；别人越是对我客气、给我面子，我就越要主动给别人面子。我们一定不要觉得自己了不起而把别人的客气视为理所应当——要想到天外有天、自己也有不如人的那一面；别人对我客气，不是因为我很了不起，而是因为别人有涵养。所以，我们在帮助别人时也应该要考虑他们的感受。说

---

① 《论语·泰伯》，《论语译注》（杨伯峻译注），中华书局，2006年版，第91页。

白了，就是将帮助视为一种互动行为，我们在准备好提供建议的同时，也要确保他们做好了接受建议的准备。

虽然面对别人的提醒和批评，我们因为不喜欢他说话的方式，或因为他说的话不合自己心意而不采纳甚至抱怨是心智不成熟的表现，但提醒、批评别人时不注意方式、方法也是情商不高、修养不够的表现。我们常常评价一个人情商高，很会说话，其实正是因为他懂得在适当的时机说适当的话——既不让别人难堪，也显得自己大方得体。你越会说话，别人就越快乐，别人越快乐，就会越喜欢你；别人越喜欢你，你得到的帮助就越多，你便会越快乐。所以，当沟通目标、内容确定之后，人与人之间的沟通方式就显得非常重要。

比如，批评的目的是让对方越来越好，所以我们不仅要指出对方的错误/缺点，还要明确告诉对方如何改正错误/缺点，如何做才能不再错甚至做得更好。这种以帮助对方为目的的批评，就是毛主席说的"团结—批评—团结"，使对方会心怀感激地接受。比如，批判的目的应该是让自己越来越好，所以我们不仅要看到别人的不足并思考如何避免别人的不足，还要看到别人的优点并思考如何学习别人的优点，这样才有可能不犯别人犯过的错误，还能做得比别人好。这种以提升自己为目的的批判，就是辩证法所讲的"扬弃—既克服又保留"，就是孔子讲的"见贤思齐焉，见不贤而内自省也"。如果你在批评或批判的过程中，只是一味地指出别人的错误、缺点、不足、问题，你讲得再正确，也和刁难、挖苦、嘲讽、泄愤、抱怨没什么区别，除了图一时的口舌之快，于人于己于事都无益。

一个人的语言习惯往往来自他的思想意识。当我们将自己置于和对方平等的位置时，其语言一定是平等的、商量式的、肯定式的语言。当我们期待自己的语言能给对方带来愉快的心情时，语言就会变得温馨和美好。比如，"你看/听清楚了吗""你能早一点完成任务吗""你哪里不懂""你为什么不问我""某某时间在某处集合"等这类祈使句会让对方很有压力，觉得是责问、命令而反感。如果改为"我讲清楚/明白了吗""我能早一点看到结果吗""我能帮你什么""我应该主动告诉你""某某时间我在某处等大家"等商量式的、自我检讨式的语言，就能让对方从内心感受到被尊重，于是就愿意接受、思考、改变。

心理学认为使一个人发挥最大潜能的好方法是让其得到肯定和鼓励，这体现在言语上，就是将否定句变为肯定句。因为否定句总是会让人不舒服，而肯定句能让一个人知道自己该做什么，能产生一种积极的暗示。一个正常的人都希望自己是不平凡的，都希望自己能行，都希望引起他人的重视。无数次的否定，会使一个人失去自信。当我们对别人说"你做得不对"的时候，这不仅容易给对方带来紧张，而且也令他并不知道自己该怎么做才是对的。如果我们改用"这件事你……做就对了"的口气，效果可能会更好些。因为这种明确的肯定句能让对方比较快捷地知道正确的做法是什么，能让对方感受到我们是在帮助他而不仅仅是批评他，从而使对方获得愉悦的心情（至少不紧张），建立自信。

有些人说这样做太麻烦了，是不是太假了？直来直去、有什么说什么多好！当然，如果你只顾自己心里舒坦，直来直去也没什么，只要做好被人"敬"而远之的准备就可以了。做人不能假，要正直，这是必须的，但直来直去和正直不能画等号。将心比心，如果别人对你的错误或不足"直来直去"，不顾及你的感受，你能好受吗？"直而无礼则绞"，一个人心直口快却不知礼，就会变得尖酸刻薄，伤人心。

师生之间、上下级之间、长幼之间甚至夫妻之间、同事同学之间的沟通都是这样，要"义以为质，礼以行之，孙以出之"，怀着对别人的尊重之心，不自以为是，态度温和，然后谦逊地表达自己的观点。礼就是律己敬人，"礼以行之"就是把自己的涵养和对别人的尊重用对方能接受的方式真诚地表达出来。"克己复礼为仁"，这是不是比较高明的"为师"之道？

在现实生活中，当一些人提醒别人不要去做某件成功几率不大的事情时，而对方没有听进去，结果真的失败了，这些人的态度会是怎样？多数人恐怕是"挖苦""训斥""事后诸葛亮"吧——"看，当时我就说了不行，你不听，现在怎么样？知道该听我的了吧！""早说了不能这样做吧！"然而，这种挖苦、训斥不仅不能解决问题，还会更加使彼此之间的关系疏远——这就是"好为人师"。将心比心，当一个人出现失误时，他最需要的是什么，肯定不是别人的训斥，而是有人能指导他认识错误，改正不足。

所以，"人之患在好为人师"，患在缺少尊重对方的真心诚意，患在自己太把自己当一回事而不注意与人说话的方式方法！

20. 不可"五十步笑百步"

【原文】

梁惠王曰："寡人之于国也，尽心焉耳矣。河内凶，则移其民于河东，移其粟于河内。河东凶亦然。察邻国之政，无如寡人之用心者。邻国之民不加少，寡人之民不加多，何也？"

孟子对曰："王好战，请以战喻。填然鼓之，兵刃既接，弃甲曳兵而走。或百步而后止，或五十步而后止。以五十步笑百步，则何如？"

曰："不可；直不百步耳，是亦走也。"

曰："王如知此，则无望民之多于邻国也。不违农时，谷不可胜食也；数罟不入洿池，鱼鳖不可胜食也；斧斤以时入山林，材木不可胜用也。谷与鱼鳖不可胜食，材木不可胜用，是使民养生丧死无憾也。养生丧死无憾，王道之始也。"[1]

【大意】

梁惠王问孟子："我对国家的治理，很尽心竭力的吧！黄河以南发生灾荒，就把那里的灾民移往黄河以东，把河东的粮食运到河南。当河东发生灾荒的时候，我也是这样做的。看看邻国的国君操持政事，没有像我这样尽心尽力的。可是，邻国的百姓并不见减少，而我的百姓并不见增多，这是什么原因呢？"

孟子回答道："大王您喜欢打仗，就让我用打仗来打比方吧。战鼓咚咚敲响，交战激烈，战败的士兵丢盔弃甲拖着武器逃跑。有的跑了一百步才停下，有的跑了五十步就停了脚。跑了五十步的人因此就去讥笑跑了一百步的人，您觉得行不行呢？"

梁惠王说："不行。他只不过没有逃跑到一百步罢了，可是这也同样是

---

[1] 《孟子·梁惠王上》，《孟子译注》（杨伯峻译注），中华书局，2008年版，第4页。

逃跑呀！"

孟子说："大王您既然懂得这个道理，就不必去期望国家的民众比邻国多了。只要不违背农时，粮食就吃不完；不用密孔的渔网捕捞，鱼鳖水产就吃不完；砍伐林木有定时，木材便用不尽。粮食和鱼类吃不完，木材用无尽，这样便使老百姓能够养活家小，葬送死者而无遗憾了。老百姓养生送死没有缺憾，这正是王道的开始。"

【随笔】

梁惠王认为自己是为民分忧的，可是孟子认为为政者仅仅是与民同乐、为民分忧还不够。他举了个战争中逃跑者五十步笑一百步的例子。同样是逃跑，跑得慢的有什么资格讥笑跑得快的呢？所有的统治者都希望有更多的民众归顺自己。当有天灾人祸发生时，统治者们一般都会顾及一下民众的生活，以期得到民众的拥护。但是这种顾及并没有从根本上解决人民的安居乐业问题。统治者如果不能从根本上解决老百姓的安居乐业问题，国家民众的多与少不也就成了五十步和一百步的关系了吗？所以孟子提出了"不违农时，……养生丧死无憾"的王道政策，其既表达了孟子主张王道、提倡礼乐、反对霸道、反对战争的政治理念，也体现了孟子巧妙的论辩技巧和高超的论辩水平。

成语"五十步笑百步"由此而来，它原指作战时后退了五十步的人讥笑后退了百步的人，后用来比喻人的缺点或错误的程度虽然不同，但实质都一样。现实生活中，我们的确要经常反省自己是否犯这种"五十步笑百步"的错误。比如，家长自己赖床，还批评小孩比自己起得更晚；家长自己不读书，却抱怨自己的小孩不好好学习。领导自己迟到了，就不要批评那些比自己来的还晚的人；领导自己的工作没做好，就不要责怪其他人工作没做好！

反过来，前进百步者能否笑前进五十步者呢？也不妥！"后生可畏，焉知来者之不如今也？"[1]三十年河东、三十年河西，如果自己因为比别人先取得一点进步、多取得一点成绩就沾沾自喜、骄傲自满甚至忘乎所以，那很

---

[1] 《论语·子罕》，《论语译注》（杨伯峻译注），中华书局，2006年版，第107页。

快就会被比自己努力的人超越。骄兵必败，谦虚使人进步，说的就是这个道理！

21. 山径之蹊，间介然用之而成路

【原文】

孟子谓高子曰："山径之蹊，间介然用之而成路；为间不用，则茅塞之矣。今茅塞子之心矣。"[1]

【大意】

孟子对高子说："山坡上的小路只有一点点宽，经常去走它便成了一条路；只要有一段时间不去走它，又会被茅草堵塞的。现在茅草也把你的心堵塞了。"

【随笔】

山间小道之所以成为路，是因为经常有人走。孟子以此作比喻来勉励高子，学习贵在坚持，不能"三天打鱼，两天晒网"，否则就会茅塞不通。

子曰："学而时习之，不亦说乎？"[2]学了，然后能按时练习，不高兴吗？为什么高兴？因为学习打开了堵塞的心路。所以，我们学习知识也好，对大道的追求也好，都要坚持不懈，稍有间断，就会茅塞不通。学校的德育工作亦是如此，教师要做到全员、全过程、全方位，常抓不懈，稍有放松，校风和学风就会被歪风邪气所侵蚀。

子夏曰："日知其所亡，月无忘其所能，可谓好学也已矣。"[3]一个人持之以恒地学习新的东西，复习已经学过的东西，这样才叫好学。

子曰："学如不及，犹恐失之。"[4]做学问也好，修身也好，一定要保持好学的劲头，这就好比追逐什么似的，生怕赶不上；赶上了，还生怕丢掉了。一旦赶不上，一旦丢掉了，人的"心路"就可能堵塞。

---

① 《孟子·尽心下》，《孟子译注》（杨伯峻译注），中华书局，2008年版，第261页。

② 《论语·学而》，《论语译注》（杨伯峻译注），中华书局，2006年版，第1页。

③ 《论语·子张》，《论语译注》（杨伯峻译注），中华书局，2006年版，第226页。

④ 《论语·泰伯》，《论语译注》（杨伯峻译注），中华书局，2006年版，第95页。

22. 一傅众咻难成学

【原文】

孟子谓戴不胜曰："子欲子之王之善与？我明告子。有楚大夫于此，欲其子之齐语也，则使齐人傅诸？使楚人傅诸？"

曰："使齐人傅之。"

曰："一齐人傅之，众楚人咻之，虽日挞而求其齐也，不可得矣；引而置之庄岳之闲数年，虽日挞而求其楚，亦不可得矣。子谓薛居州，善士也，使之居于王所。在于王所者，长幼卑尊皆薛居州也，王谁与为不善？在王所者，长幼卑尊皆非薛居州也，王谁与为善？一薛居州，独如宋王何？"①

【大意】

孟子对宋国的臣子戴不胜说："你想要你们国君学好向善吗？我明确地告诉你。有位楚国的大夫希望他的儿子能说齐国话，是找齐国人来教他呢？还是让楚国人来教他？"

戴不胜说："找齐国人来教他。"

孟子说："一个齐国人教他，却有众多楚国人在旁喧哗干扰，即使天天鞭挞并强逼他说齐国话，也是做不到的。可要是把他送到齐国的街上去住上几年，即使天天鞭挞并强逼他说楚国话，那也是做不到的。你说薛居州是个好人，要让他住王宫中。如果在王宫中的人无论年纪大小、地位高低都是薛居州那样的好人，大王和谁去做坏事呢？如果在国君身边的人无论年纪大小、地位高低都不是薛居州那样的好人，而是坏人，那大王又和谁去做好事呢？一个薛居州，能把宋王怎么样呢？"

【随笔】

在这段对话中，孟子强调国君要行善政，必须弃奸佞、进贤才。否则，"一傅众咻难成学"，这也表明了环境对人的影响。"近朱者赤，近墨者黑"，一个人所处的环境影响他的成长。如果国君周围都是好人，那么国君

---

① 《孟子·滕文公下》，《孟子译注》（杨伯峻译注），中华书局，2008年版，第113页。

也就会和大家一起向善做好事。相反，如果国君周围多是坏人，那么国君也就很难做好人了。

放到现在，这个道理依然适用。领导者要向上向善，做对百姓有好处的事，就必须聚集贤才，驱除奸佞之人。

从教育的角度来看，这段话意义更大。单就学习语言而言，学生如果没有环境、氛围，就算有一个好的外语教师在课堂上教，那这门外语也难以学成。再放大些，社会风气影响学校风气，而学校风气即校风和学风则直接决定一个学校的教育质量。所以，一个学校一定要全员、全过程、全方位地抓好校风、学风建设。我从教20余年，对此深有感触。一个家庭在教育小孩时，孩子的父母、爷爷奶奶的理念和方式越一致越好。如果父母育儿的理念和方式不一致，或是父母和老人的理念不一致。比如，"虎妈猫爸"或"虎爸猫妈"；比如，父母不让孩子吃零食，爷爷奶奶却心疼孙儿时不时偷偷买点零食；父母让孩子干点家务活，爷爷奶奶却说"小孩子干什么活，学习去/耍去！"如此这般，孩子的教育就要出问题了。学校教育也是一样，如果只有少数几个老师对学生严格要求，而多数老师"佛系"化，那整个学校的学风也很难好起来。

23. 学必专心致志

【原文】

孟子曰："无或乎王之不智也。虽有天下易生之物也，一日暴之，十日寒之，未有能生者也。吾见亦罕矣，吾退而寒之者至矣，吾如有萌焉何哉？今夫弈之为数，小数也；不专心致志，则不得也。弈秋，通国之善弈者也。使弈秋诲二人弈，其一人专心致志，惟弈秋之为听。一人虽听之，一心以为有鸿鹄将至，思援弓缴而射之，虽与之俱学，弗若之矣。为是其智弗若与？曰：非然也。"[1]

---

[1] 《孟子·告子上》，《孟子译注》（杨伯峻译注），中华书局，2008年版，第204页。

【大意】

孟子说："不要奇怪于大王的不聪明。即使有天下最容易生长的植物，让它曝晒一天，寒冻十天，那也是没有能够活下来的。我很少见到国君，我退出来后奸佞之臣就到了，我即使对他有所触动又能怎么样呢？譬如，如今下棋作为技能，只是小技而已，但如果弈者不一心一意，也是学不好的。弈秋是全国下棋的高手。如果让弈秋教两个人下棋，其中一人一心一意，就只听弈秋的讲课。另外一个人虽然在听课，但一心想象天鹅就要飞来，想拿起弓箭去射杀它，虽然也跟前一个人同时在学，但却比不上前一个人。这是因为他的聪明比不上吗？自然不是的，是专心程度不同罢了。"

【随笔】

为什么对大王的不聪明不要感到奇怪？因为他对从善一暴十寒——孟子在他身边或许能听一些，孟子一退出，奸佞之臣就来哄骗他了。

为什么同是一个老师教出来的学生，成绩却不同呢？如今的老师都深有感触，很多时候这不是智商的差别，而是学生专心程度不同，自控力强弱有别。电子竞技游戏、抖音、快手等短视频实在是太吸引人了，这些学生一旦陷进去，基本上顾不了学习。

所以，我们做什么事，包括修身和学习，都需要有一个好的环境，同时持之以恒、用心专一，否则，一暴十寒、三心二意，是很难奏效的。

24. 学贵有恒

【原文】

孟子曰："有为者辟若掘井，掘井九轫而不及泉，犹为弃井也。"[1]

【大意】

孟子说："做一件事就像是挖井，挖了很深还没挖到水，就仍然是废井。"

【随笔】

一个人挖井，挖了很深还没挖到水，如果不继续挖下去，那就是废井一

---

[1] 《孟子·尽心上》，《孟子译注》（杨伯峻译注），中华书局，2008年版，第245页。

个，前面的努力也都白费了，只有继续挖，挖出了水就成功了，所有的付出也就值得了。同样，做什么事都要善始善终，不能半途而废。

我们特别是学知识，贵在有恒心，能坚持。很多人都把"让读书和运动成为自己的生活方式"作为自己的座右铭，但能坚持下来的有多少？譬如，读书不是说今天读明天就有收获，学贵有恒而不在多，也不能急于求成；比如，我们每天利用碎片时间读20页书或背诵10个单词、一首诗，坚持一年试试，就会发现自己变得与之前不同了；譬如，我们做运动，不说每天1个小时，隔一天1个小时行不行？据说人坚持运动两年就能彻底地改变自己的身体状态，这时不运动反而不习惯。

我对此深有体会。自40周岁生日起，我开始读儒家经典，背诵古诗词（文），跳绳，一开始只是为了陪伴孩子，但随着时间的推移，就变成自己的兴趣了。至今六年有余，我越来越惭愧于之前学问的浅陋、修养之浅薄，开心于今日"腰带之渐宽"，虽头发黑白相间、近视与老花眼同在，但每天背几段经典、翻几页文字能让自己觉得自己对得起"读书人"这个称呼，然后快走二三十分钟，再跳绳3000～4000个，这样的大汗淋漓能让自己心情舒畅，以至于稍有一两天没读书、没运动就觉得日子少了点什么。我作为凡夫俗子中的凡夫俗子尚且能做到，那大部分人应该都能做到，关键是想不想做。一个人找借口能找一大箩筐；找理由只有一个：这样做能让自己越来越好。

25. 盈科而后进

【原文】

徐子曰："仲尼亟称于水，曰：'水哉，水哉！'何取于水也？"

孟子曰："源泉混混，不舍昼夜，盈科而后进，放乎四海……苟为无本，七八月之闲雨集，沟浍皆盈；其涸也，可立而待也。故声闻过情，君子耻之。"[1]

---

[1] 《孟子·离娄下》，《孟子译注》（杨伯峻译注），中华书局，2008年版，第146页。

【大意】

徐子说："孔子屡次称赞水，说'水呀，水呀！'他取的是什么水？"

孟子说："从源头流出的水滚滚向前，昼夜不停，注满了低洼，才继续向前，一直流入海洋……如果没有本源，到七、八月间雨水多的时候，大沟小渠都满了，但是很快也就干涸了。所以名声超过实际，君子觉得可耻。"

【随笔】

水是人们日用之物，蕴含着丰富的人生哲理。孔子对水的赞叹有多重含义，并随着场合不同而不同。

《论语》记载，孔子曾经站在河边，望着远去的河水，感叹道："逝者如斯夫！不舍昼夜。"[1]时光流逝就像河水一样，日夜不停。水的活跃、水的生命永不停息，深得孔子欣赏。所以他说"知者乐水""知者动""知者乐[2]"——智者喜欢水，其性情也像水一样活跃、快乐。

《孔子家语》记载，孔子曾用船和水的关系来比喻国君和百姓的关系。他讲："夫君者，舟也；庶人者，水也。水所以载舟，亦所以覆舟。君以此思危，则危可知矣。"[3]孔子说："国君是舟，百姓就是水。水可以载舟，也可以覆舟。国君由此想到危险，那么也就知道什么是危险了。"

《孔子家语》还记载，有一次，孔子观赏向东流去的水，子贡见了问道："君子一见到大水便要前去观赏，这是为何呢？"这话引出孔子对"水之德"的深刻论述。孔子认为，水生生不息，具有恩惠苍生的仁爱、遵循规则的道义、勇敢坚韧的意志等德性，所以君子见到水一定要前去观赏。"以其不息，且遍与诸生而不为也，夫水似乎德：其流也，则卑下，倨拘必修其理，此似义；浩浩乎无屈尽之期，此似道；流行赴百仞之溪而不惧，此似勇；至量必平之，此似法；盛而不求概，此似正；绰约微达，此似察，发源必东，此似志；以出以入，万物就以化洁，此似善化也。水之德有若此，是

---

① 《论语·子罕》，《论语译注》（杨伯峻译注），中华书局，2006年版，第105页。

② 《论语·雍也》，《论语译注》（杨伯峻译注），中华书局，2006年版，第69页。

③ 杨朝明，宋立林.《孔子家语通解》，齐鲁书社，2013年版，第64页。

故君子见必观焉"。①孔子说水流动不息，它的恩惠普遍地施于天下苍生，使万物生生不息却又显得自己无所作为，像是有很高的德性：它一流动，就奔向低洼之处，即使弯弯曲曲，也必然遵循着这一原理，走自己的"水道"，这种品性像"义"；它浩浩荡荡，没有穷竭，这种品性像"道"；它可以流向各个地方，哪怕是百仞溪谷也无所畏惧，这种品性像"勇"；它达到一定的量，自身就能达到平均，这种品性像"法"；它盛满后，不需用什么去刮，自然就不会再装，这种品性像"正"；它本性柔弱却可流入到细微的地方，这种品性像"明察"；它不论从哪里发源，必定是向东流去，这种品性像"坚定的志向"；它流出流入，万物因此而变得洁净，这种品性像"善于教化"。

此处，孟子在与徐子的对话中，借有源之水和无源之水的不同，来比喻名声和实际。他说实际是本源，脱离实际的名声是无源之水。所以人要务实，不要被虚名假利所羁绊。"流水之为物也，不盈科不行；君子之志于道也，不成章不达。"②流水这个东西不把洼地填满就不再向前流；君子要想实现远大理想，也必须打牢基础，遵循循序渐进的规则，"盈科而后进"，达到一定程度、取得一定成就才能通达。国家长远战略目标的实现需要以若干阶段性目标的实现为基础，每个人要有所成就，也必须一步一个脚印。只有不断追求，我们才能让自己的学识像永不枯竭的泉水一样。就像要想写出有自己体会的文字，就要多读书，边读边思考。正所谓要想"下笔如有神"，就得"读书破万卷"。

26. 其进锐者，其退速

【原文】

孟子曰："于不可已而已者，无所不已。于所厚者薄，无所不薄也。其进锐者，其退速。"③

---

① 杨朝明，宋立林.《孔子家语通解》，齐鲁书社，2013年版，第101页。

② 《孟子·尽心上》，《孟子译注》（杨伯峻译注），中华书局，2008年版，第243页。

③ 《孟子·尽心上》，《孟子译注》（杨伯峻译注），中华书局，2008年版，第252页。

【大意】

孟子说："对于不可以停止的工作却停了下来，那就没有什么不可以停止的了。对应该厚待的却薄待，那就没有不可以薄待的了。前进太猛的人，后退也会快。"

【随笔】

大道是"不可已""应所厚"的，失去了这个根本，虽速成，必骤失。

"行百里者，半于九十"。我们人走一百里的路程走到九十里只能算走了一半，如果接着走，那还需要付出一半的努力；可行了九十里不走了呢？前面的努力全部白费！慢待一个人，就还不如一上来就拒绝接待，因为慢待他人的恶劣后果可能会超过拒绝接待。所以，我们做事情，要么不做；一旦做了，就要认真对待，坚持到底。

27. 学问之道无他，求其放心而已矣

【原文】

孟子曰："仁，人心也；义，人路也。舍其路而弗由，放其心而不知求，哀哉！人有鸡犬放，则知求之；有放心而不知求。学问之道无他，求其放心而已矣。"[①]

【大意】

孟子说："仁是人的善心，义是人的正路；舍弃了正路不走，丢失了善心而不知道去找，可悲啊！人们丢失了鸡狗，尚且知道找回来，可是丢失了善心却不知道去寻找。学问之道没有别的，就是把丢失的心找回来而已。"

【随笔】

孟子认为教育和学习的目的就是保持或恢复人本来的善性。所以，懂得这些，便是没有丢弃良心；不懂得这些，便是丢弃了良心。丢弃了不要紧，赶紧找回来也就是了。

怎样才能找回来？那就是多读圣贤书，边读边自省，然后把不好的行为

---

① 《孟子·告子上》，《孟子译注》（杨伯峻译注），中华书局，2008年版，第206页。

改正过来。

28. 尽信书，则不如无书

【原文】

孟子曰："尽信《书》，则不如无《书》。吾于《武成》，取二三策而已矣。"①

【大意】

孟子说："完全相信《书》，那还不如没有《书》。我对于《武成》篇，所取的不过二三页罢了。"

【随笔】

书在古代是简策的泛称。据专家考证，商周时期就已经有写在竹木片上的书。《中庸》里讲："文武之政，布在方策。"②周文王、周武王的政令，都写在竹木片子上了。方策就是用竹木片所写的书。字少的写在竹片上；字多不过百的，写在木片上，称为方；字数过百的，就分写好几片竹木片，然后用绳子编连成册，即为策。书用丝带编连的叫"丝编"，用熟牛皮编连的叫"韦编"。"韦编三绝"说的就是孔子勤读《易经》，把编连竹简的牛皮绳都翻断了好几次。后来，还有写在绢帛上的帛书。在使用简帛作书的时代，用于书写、记言记事的简策都可以称为"书"，《尚书》也是其中一种。后来，书籍的发展因体裁、内容的不同，书名也发生了变化，出现了诸如《易》《书》《诗》《礼》《春秋》等名称，《书》逐步成为专门记载帝王言论及其活动的政事性书籍。到了西汉，司马迁才将由儒家传授专门记载尧以来君王言论的《书》定名为《尚书》。"尚"有三种解释：一是上古时代；二是崇尚；三是君上，即古代帝王、君王。一句话，《尚书》就是上古流传下来的记录儒家尊崇的贤明君王言论之书。

此处孟子所说的《书》，即指《尚书》。后世将孟子此处所说的《书》又泛化为一般的书籍。"尽信书不如无书"的基本精神是：我们既要相信

---

① 《孟子·尽心下》，《孟子译注》（杨伯峻译注），中华书局，2008年版，第255页。

② 《中庸》，《大学·中庸》（王国轩译注），中华书局，2016年版，第105页。

书，又不可完全相信，要有自己独立的思考。如果我们迷信书本，唯书本是从，轻则成为书呆子，重则犯"本本主义""教条主义"的错误。

29. 以意逆志、知人论世

【原文】

故说诗者，不以文害辞，不以辞害志。以意逆志，是为得之。①

……

孟子谓万章曰："一乡之善士斯友一乡之善士，一国之善士斯友一国之善士，天下之善士斯友天下之善士。以友天下之善士为未足，又尚论古之人。颂其诗，读其书，不知其人，可乎？是以论其世也。是尚友也。"②

【大意】

孟子说，解说诗的人不要拘泥于文字而误解词句，也不要拘泥于词句而误解原意。用自己切身的体会去推测作者的本意，这就对了。

……

孟子对万章说："一个乡里的优秀人物和另一个乡里的优秀人物交朋友，全国的优秀人物和全国的优秀人物交朋友，天下的优秀人物和天下的优秀人物交朋友。如果认为跟全天下的优秀人物交朋友还是不够，还可以上溯谈论古代人物。吟诵他们的诗歌，研读他们的著作，不了解他们的为人，可以吗？显然是不行的。所以要讨论他们所处的那个时代。这才是与古人交朋友。"

【随笔】

以意逆志和知人论世已成为后世诗词鉴赏、传统文学批评的重要方法。比如，时代背景分析、作者介绍、中心思想、主题，等等，这些人们耳熟能详的概念，都是知人论世或以意逆志的产物。

其中，以意逆志是指读者根据自己对作品的主观感受，通过想象、体验、理解，设身处地地体会诗人在作品中所要表达的思想感情。知人论世则

---

① 《孟子·万章上》，《孟子译注》（杨伯峻译注），中华书局，2008年版，第166页。
② 《孟子·万章下》，《孟子译注》（杨伯峻译注），中华书局，2008年版，第193页。

是指我们在学习古人优秀的东西、为今所用的过程中，要把具体的人物放到当时的社会环境中去观察、理解。这两个方法都符合当今历史唯物主义历史分析法的要求。

　　历史分析法是从当时的历史背景、历史条件出发，评价当时的历史人物和历史事件。它要求不能割裂历史事件前后关联，也不能用现在的标准苛求历史人物做出今天才能做出的成绩，而要看他比其前辈做出了哪些新的贡献。

第十章　治教治学

附 录

从中国传统文化中汲取社会治理智慧①

大家好，我是重庆交通大学的思政课教师李海峰，今天要讲的题目是"从中国传统文化中汲取社会治理智慧"。

一看到这个题目，有人就会说："老师，我们现在建设的中国是社会主义的中国，那些封建社会的传统文化还管用吗？"关于这个问题，毛主席早就运用历史唯物主义的立场、观点和方法做了深刻的分析。毛主席说，我们一定要区分封建主义的文化和封建社会的文化。封建社会的文化不一定都是封建的，也有人民性的。就算是封建主义的文化，虽然它维护的是封建地主阶级的利益，但也要看它处于什么时期。当它处于上升时期，则有一定的积极作用。既然有人民性的一面，有积极作用，那我们是不是可以传承？当今的中国是从中华五千年文明中传承而来的中国，今天的中国是历史的中国的一个发展，所以我们能够也完全有必要从优秀传统文化中汲取社会治理智慧。这些智慧有哪些呢？我抛砖引玉，讲这么几点。

1. 正己修身

这个大家都能理解。季康子问政于孔子，孔子对曰："政者，正也。"为政就是要端正，做到公平正直，"子帅以正，孰敢不正？"你如果能做到

---

① 这是我2021年参加教育部第二届全国思想政治理论课教学展示暨优秀课程观摩活动现场展示环节的15分钟即时讲稿，根据课堂录音整理。

自身正直的话，做好表率，下面的人谁敢不正直呢？"苟正其身矣，于从政乎何有？不能正其身，如正人何？"你自身都不能管好自身，那怎么去治理民众呢？所以我们要明白，我们广大党员干部、读书人作为社会治理的主体，一定要发挥好表率作用。大家可以算一算，现在国家总人口14亿，党员到今年六月有9500多万，比例是多少？我算了一下，大概15：1。也就是说，每15个人里面有1个是中国共产党党员，如果每一个党员都能发挥自身的榜样作用、带头作用的话，这个社会能不治理好吗？我想问问，在座的同学有多少是党员？举个手我看看。可以，远小于15:1。我再问，各位党员同学能记住"入党誓词"的有多少？举个手我看看，都不敢举手了。记得的同学跟着我一起背："我志愿加入中国共产党，拥护党的纲领，遵守党的章程，履行党员义务，执行党的决定，严守党的纪律，保守党的秘密，对党忠诚，积极工作，为共产主义奋斗终身，随时准备为党和人民牺牲一切，永不叛党。"这就是我们党员要明白自己为什么要入党，自己应该在社会治理中如何正己修身。我们讲中国特色社会主义制度的优势已经显现出来了，制度的执行靠谁呢？对，靠人！所以制度优势的发挥与执行者的素质息息相关，"其身正，不令而行；其身不正，虽令不从。"所以要做好自身就是这个道理。

大家再接着想想，在当今中国，我们要正己修身、要修德，修的什么德呢？想过这个问题没有？我们要修的是由中华优秀传统文化涵养的、以马克思主义为指导的社会主义核心价值观之德。那请问社会主义核心价值观24个字又有谁记得是什么呢？大家跟着我一起背诵，国家层面：富强、民主、文明、和谐；社会层面：自由、平等、公正、法治；公民个人层面：爱国、敬业、诚信、友善。这就是我们要从优秀传统文化中汲取的智慧。

我们讲吸取智慧，应该包括两层意思，除了经验，还要吸收教训，"不贰过"。古代人修身，他们的出发点是为了什么？读书人很多时候都为了考取功名、封妻荫子、光宗耀祖，一旦这个目的实现了，有很多人就放弃了自己的修身。而当今社会，我们要正己修身，就不再是为了自己的飞黄腾达，而是社会发展的需要和个人发展需要的统一，这是我们终身的大事，所以《大学》里面就讲，"自天子以至于庶人，壹是皆以修身为本。"就是这个道理。

2. 以民为本

民本思想大家都很熟悉。季康子问孔子，"使民敬、忠以劝，如之何？"让老百姓做事情认真、忠诚、相互勉励，有什么办法？孔子告诉他，"临之以庄，则敬；孝慈，则忠；举善而教不能，则劝。"你对老百姓的事情上心，老百姓自然而然也会对这个国家、对你安排的事情放在心上，所以这就提出来了为政者要把老百姓的事放在自己的心坎上。

但是我们看问题又要一分为二，古代提出的民本思想，在当时来讲，的确有它的积极性。比如对调动老百姓的劳动积极性有帮助，但是它的出发点、它的落脚点或者它的立场是什么？对！为帝王服务、为巩固封建统治服务。所以大家就能发现，在古代社会里面能提出民本思想的人很多，包括君王、帝王在内，但是真正能落实的，有吗？很少很少。而我们当今社会治理要坚持以人民为中心的发展理念，既赓续于传统，又基于马克思主义的指导，更是中国人民的需要。为什么要这么做？我们的出发点是因为人民群众是历史的主体，人民是历史的创造者，我们的社会治理要依靠人民，为了人民，治理成果要由人民共享。

那我们在社会治理中如何做到以民为本呢？子曰："道千乘之国，敬事而信，节用而爱人，使民以时。"敬，对事情要很认真；信，讲信用；节用，要节约；爱人，要爱官爱民；关键是使民以时，就是给老百姓安排事情的时候，要考虑农时的方便，不能耽误老百姓的农时来做事情。比如说我觉得这个事情很重要，大家今天都来开会，可是老百姓这个时候正要农播，要忙手上其他的事情，就会出现我觉得事情很重要，但是老百姓觉得这个时间不合适。所以，要站在老百姓的立场上考虑工作、安排工作，这样才是真的为百姓着想。《论语》里面还讲，仲弓，孔子的学生，问孔子子桑伯子这个人怎么样？孔子告诉他，"可也，简。"仲弓就说，"居敬而行简，以临其民，不亦可乎？居简而行简，无乃大简乎？"就是说在布置工作之前，你把工作考虑得详详细细一点，会遇到什么困难、有什么解决办法全部考虑清楚了，再把这个工作安排下去的时候，老百姓遇到困难来找你时，你就能帮助解决，对老百姓来说是不是很方便？《论语》里面讲，"因民之所利而利之，择可劳而劳之"你让老百姓方便的时候劳作，该休息的时候让人家休息，这个时候人家就会觉得你安排得好。我们现在各种政府的服务大厅、"跑一趟就好"承诺、简化各种审批程序，极大方便百姓办事。大家看这是不是传统智慧的一种现代的传承？毛主席有个"过河论"，说我们的目标是要过河，我们要告诉别人我们的目标是要过河，但是我们还要找到过河的桥或船，你不能光说过河，布置起来很简单，但是老百姓在执行的时候就很麻烦。这就是我们讲的，对我们老百姓有好处的事情，对党员干部来讲再麻烦、再辛苦也是值得的。这就是总书记讲的"人民群众对美好生活的向往，就是共产党人的奋斗目标"，这就是共产党人应该有的情怀，就是我们学马克思主义理论的同学将来在工作中应该有的情怀，因为人民立场是马克思主义的基本立场，是不是这个道理？！《阿房宫赋》里面讲，"使六国各爱其人，则足以拒秦；使秦复爱六国之人，则递三世可至万世而为君，谁得而族灭也？秦人无暇自哀，而后人哀之；后人哀之而不鉴之，亦使后人而复哀后人也。"我们这个时候就要明白，读书人也好，广大党员干部也好，大家走上工作岗位，心里面就要装着老百姓，这就叫做人民情怀，仁者爱人。

3. 德主刑辅

孔子讲，"为政以德，譬如北辰，居其所而众星共之。"你行德政的话，老百姓就会追捧着你。"道之以政，齐之以刑，民免而无耻。道之以德，齐之以礼，有耻且格。"如果你光讲究刑罚的话，老百姓虽然行为上制止了，但他的内心并没有意识到这个问题在哪，没有羞耻之心，将来还会犯同样的错误，这个这时候我们就要德主刑辅，当然就是把这两个结合在一起。用我们现在的话讲就是，"教育不是万能的，但没有教育万万不能"。国家层面就是要把依法治国和以德治国相统一、相结合。季康子问孔子，"如杀无道，以就有道，何如？"把那些老干坏事的人都杀掉，把那些好的人都留下来，怎么样？孔子告诉他，"子为政，焉用杀？"你执政，怎么能靠杀人呢？"子欲善而民善矣。君子之德风，小人之德草，草上之风，必偃。"为政者是社会风气的风向标，身上要有正能量，在依法治国的同时以德服人。当今社会，领导干部仍然起着风向标的作用。

4. 选贤与能

"大道之行也，天下为公，选贤与能，讲信修睦。"要把社会建设好就要重视培养和选拔人才。仲弓为季氏宰，问政于孔子。孔子告诉他，"先有司，赦小过，举贤才。"你要能选拔优秀人才。中国自古就有"宰相必起于州部，猛将必发于卒伍"的传统。现代中国，选贤任能竞争更加激烈。你看，我国14亿人口、9500多万党员、700多万干部、3000多高级干部、204名中央委员、25名政治局委员，7名政治局常委。从入职到成为省部级干部，至少要23年，这期间要全面考察治国理政所需之德勤绩能。因此，在一定意义上可以说，治理中国的政治团队就是我们中华民族最优秀最实干的群体。贤能治国、人才强国才能保证治理有效、才能保证为人民服务。

同学们，中华优秀传统文化博大精深，对我们当代社会治理的启示远不止这些，感兴趣的同学下来可以设计课题专门研究。

我今天就讲到这里。谢谢大家！

李海峰

2021年11月4日